btb

Als Ibrahim, der in Istanbul ein geschäftiges aber gewöhnliches Leben führt, vom Tod seines Jugendfreundes Hüseyin erfährt, kehrt er zum ersten Mal seit vielen Jahren in ihre gemeinsame Heimatstadt Mardin an der Grenze zu Syrien zurück. Auf den Spuren des Freundes erfährt er von dessen geheimnisvoller Verlobten. Fasziniert von den Berichten über die junge Jesidin taucht er ein in die Mythen und Überlieferungen ihrer Kultur und trifft auf eine Gruppe von Frauen, die aus der Gefangenschaft des IS fliehen konnten. Zülfü Livaneli konfrontiert seine Leser mit einer emotionalen und hochaktuellen Geschichte nahöstlicher Realität, in der Liebe und Schmerz ineinander übergehen.

Zülfü Livanelli, wurde 1946 in Konya-Ilgın (Türkei) geboren. In den 1970er Jahren war er wegen seiner politischen Anschauungen gezwungen, die Türkei zu verlassen, erst 1984 kehrte er zurück. Er war Mitglied des türkischen Parlaments und gründete zusammen mit dem griechischen Liedermacher Mikis Theodorakis ein Komitee, das sich besonders für die türkisch-griechische Aussöhnung einsetzte. Als Komponist und Liedermacher, Schriftsteller und Regisseur ist Livaneli einer der bekanntesten Künstler der Türkei und feiert international große Erfolge. Seine Bücher wurden in zahlreiche Sprachen übersetzt. Für sein Werk erhielt er zahlreiche Auszeichnungen, darunter den renommierten »Orhan-Kemal-Literaturpreis«.

Für Ülker und Aylin

Mit Dank an meinen Freund Necati Yağcı, der mir über Mardin so vieles beigebracht hat

In dieser kleinen Welt ist jeder verletzt,
namenlos, am falschen Ort.

FERNANDO PESSOA, *DAS BUCH DER UNRUHE*

In deinem Gesicht habe ich das meine gesehen,
und auf deinen Lippen meine Stimme gehört.

IBN ARABI

Schlüssel

Weißt du, was Harese *ist, mein Junge? Es ist ein alter arabischer Begriff, von dem sich unsere Wörter für Gier, gierig und Habgier ableiten. Lass mich dir erklären, was genau mit* Harese *gemeint ist. Du weißt ja, dass man das Kamel auch Wüstenschiff nennt. So ausdauernd ist das gesegnete Tier, dass es ohne einen Bissen Nahrung, ohne einen Tropfen Wasser drei Wochen lang unentwegt durch die Wüste ziehen kann. Dort aber wächst eine Distel, auf die das Kamel sehr erpicht ist. Sobald es eine sieht, rupft es sie ab und kaut darauf herum. Die scharfen Dornen reißen ihm das Maul blutig, und mischt sich das salzige Blut mit dem Geschmack der Distel, labt sich das Kamel erst recht daran. Je mehr es kaut, umso mehr blutet es und kann vom eigenen Blut nicht genug bekommen, und lässt man es gewähren, verblutet es. Siehst du, so etwas nennt man* Harese. *Im Nahen Osten ist es seit jeher üblich, dass man sich gegenseitig umbringt und nicht merkt, wie man sich dabei selbst tötet. Man berauscht sich am eigenen Blut.*

DIE REISE ZU HÜSEYIN

VOM ROTEN WIND VERSCHLUCKT

»Und wenn du mich zurück in deinen Bauch steckst, Mama, schützen kannst du mich nicht mehr!«

Das war das Letzte, was er zu seiner Mutter gesagt hatte. Die wischte sich nun mit einem weißen Kopftuchzipfel die Tränen aus den rotgeweinten Augen und wiederholte immer wieder diesen einen Satz. Den hatte damals auch Hüseyins Schwester Aysel gehört, denn auch sie hatte vor der Tür gestanden, als ihr Bruder für immer gegangen war. Sie hatte ihn noch umarmt, doch er hatte ihre Geste nicht erwidern können, so furchtbar geschwächt und der Welt entfremdet war er schon gewesen. Den linken Arm hatte er allein schon wegen seiner Schusswunde nicht mehr hochgebracht. »Irgendwie muss er gewusst haben, dass er in den Tod ging«, sagte Aysel später. »Ich ahnte, dass wir nichts für ihn tun konnten, und das alles wohl nur wegen dieser Frau.«

»Und wenn du mich zurück in deinen Bauch steckst, Mama, schützen kannst du mich nicht mehr!«

Das waren nicht Hüseyins letzte Worte überhaupt, aber doch der letzte Satz beim Abschied von Mutter und Schwester. Der Vater war längst verstorben, die Brüder beide in Amerika.

Als ich zu Hüseyins Familie nach Mardin flog, waren Häuser und Straßen der altehrwürdigen Stadt an der syrischen Grenze mal wieder in roten Staub gehüllt, als habe ein versierter Theaterregisseur sich für Hüseyins düstere Prophezeiung und den brennenden Schmerz seiner Familie um die passende Kulisse bemüht. Ich kannte diese roten Staubwolken. Schon zu Kinderzeiten, als ich Hüseyins Schulkamerad war, wehte es aus der syrischen Wüste so heiß zu uns herüber, dass wir kaum atmen konnten und sandrot eingefärbt wurden. Wenn die roten Winde aufkamen, räumten die Händler ihre Ware weg, jeder flüchtete sich nach drinnen, und wer draußen blieb, schleppte sich mit einem Taschentuch vor dem Mund hustend dahin. Als ich nun nach Jahren in meine Heimatstadt zurückkehrte, stellten sich die roten Wolken zum Empfang wieder ein.

Und das hatten sie auch getan, als Hüseyin sich von seiner Familie verabschiedete. Als sie ihn an der Tür zum letzten Mal gesehen hätten, erzählte Aysel, sei sein Gesicht vor lauter Staub ganz rot gewesen. Die Mutter habe, wie es bei uns Brauch ist, Wasser hinter ihm her geschüttet. »Denk nicht so schlimme Sachen, Junge! Geh wie das Wasser, komm wie das Wasser!« Aber da sei er von der roten Wolke schon verschluckt worden.

»Blutverschmiert habe ich das Gesicht meines Jungen zum letzten Mal gesehen«, sagte die Mutter, und zu Aysel gewandt: »Sprich ja in diesem Haus den Namen dieser Teufelin nicht mehr aus. Sie hat meinen herrlichen Jungen auf dem Gewissen, hat unsere Familie zerstört. Wo sie hintritt, bringt sie Unheil. Nenn sie gefälligst nur noch Teufelin.«

Da wurde ich erst recht neugierig auf die Frau und auf alles, was Hüseyin zugestoßen war. Hier in Mesopotamien war er verletzt worden, dann musste er ausgerechnet nach Amerika, um dort umgebracht zu werden. Hier angeschossen, dort drüben erstochen, was für ein Schicksal!

Bevor Hüseyin knapp zwei Monate nach seiner Ankunft in den USA in der Notaufnahme eines Krankenhauses in Jacksonville sein Leben aushauchte, brachte er noch mehrfach heraus: »Ich war ein Mensch.« Einer seiner Brüder erzählte später, da niemand den Satz verstand, habe ein indischstämmiger Arzt ihn mit dem Handy aufgenommen. Er spielte ihn später den Brüdern vor und wollte wissen, was er bedeutete. Erst meinte der Arzt, sie hätten ihn wohl nicht genau übersetzt, denn es müsse doch eher heißen »Ich bin ein Mensch«, doch die beiden bestätigten, Hüseyin habe eindeutig die Vergangenheitsform benutzt und somit gesprochen wie ein Toter.

Im nach Mardin übersandten Totenschein hieß es, der türkische Staatsbürger Hüseyin, 32 Jahre alt, weiß (*caucasian* stand genau da), sei am 26. Juli 2016 um 23.44 Uhr den schweren Verletzungen erlegen, die ihm durch Stiche in die Bauch- und Nierengegend beigebracht worden seien.

Vielleicht sollte ich erst mal erzählen, wie ich in die Sache überhaupt verwickelt worden bin. Eines Vormittags saß ich wie üblich gegen elf Uhr in der Redaktionskonferenz unserer Zeitung, und alle an dem ovalen Tisch spuckten aus, was sie zu bieten hatten. Kollege Recep, den wir mit dem Spitznamen Kommissar aufzogen, wartete wie jeden Tag mit blutigen Meldungen und noch blutigeren Fotos auf, die unsere Seite drei zieren sollten. Wenn er auf seine unnachahmliche Art davon schwärmte, er habe wieder etwas ganz Besonderes, dann wussten wir schon, dass wir auf einen grässlichen Verkehrsunfall oder ein Verbrechen gefasst sein mussten, auf jeden Fall aber auf eine irgendwie verstümmelte Leiche. Je mehr Blut zu sehen war, desto fantastischer fanden wir ein Foto in unserer Zeitungssprache. Er fing mit dem an, was quasi sein tägliches Brot war, nämlich mit an Frauen begangenen Verbrechen. Ein Mann hatte mitten auf der Straße seine Ex-Frau erstochen, ein Polizist mit der Dienstwaffe seine Frau erschossen und sich danach selbst gerichtet; so ging es fort und fort. Zum Abschluss eine Meldung, die ihm nicht sonderlich wichtig schien. In Jacksonville in den USA war ein zweiunddreißigjähriger Türke namens Hüseyin Yılmaz in der von seinen Brüdern betriebenen Pizzeria von Rassisten mit Messerstichen so schwer verletzt worden, dass er im Krankenhaus nicht mehr gerettet werden konnte. Der Bürgermeister der Stadt hatte die Tat in einer Mitteilung scharf verurteilt und von Islamfeindlichkeit gesprochen. Ein blutiges Bild war nicht dabei, da dergleichen in den USA nicht veröffentlicht wurde, doch die Zeitung hatte über das Einwohnermeldeamt von Mardin ein Foto von dem Mann aufgetrieben. Unser Chefredakteur ordnete an, die Meldung nur klein zu bringen, da sie höchstens für religiöse Leser von Interesse sei; ich aber stutzte wegen etwas ganz anderem. Wenn jemand Hüseyin Yılmaz hieß, aus Mardin stammte und zweiunddreißig Jahre alt war, konnte er eigentlich niemand anderes sein als mein alter Schulkamerad Hüseyin; es sei denn natürlich, damals wären dort tatsächlich zwei Hüseyin Yılmaz auf die Welt gekommen. Ich fragte Kommissar Recep, aus welcher Gegend von Mardin der Mann stamme, und als er Kızıltepe antwortete, gab es für mich keinen Zweifel mehr, dass der in Amerika umgebrachte Mann tatsächlich der schmächtige, hellwache Junge war, mit dem ich jahrelang die Schulbank gedrückt, Celikçomak und Murmeln gespielt und aus Nestern Vogeljunge geholt hatte.

Als ich in Mardin ankam und unseren wie durch ein Wunder noch immer nicht zugebauten Platz wiedersah, auf dem allerdings niemand mehr Celikçomak spielte, kam mir aus der Welt der Kindheit jener Hüseyin von damals in den Sinn, und ich stellte ihn mir beim Celikçomak vor. Bei diesem Spiel musste man mit einem Stock auf ein kleineres, auf einem Stein balancierendes Stöckchen so geschickt schlagen, dass es in die Luft flog, und es dann gleich wieder treffen und so weit wie möglich wegschlagen; in späteren Jahren war mir das als eine Art Baseball für Arme erschienen. Auf einmal hatte ich das Gefühl, wieder selbst so einen Stock in der Hand zu halten, und war ganz verblüfft, wie schnell die Bilder von damals sich wieder einstellten. Nicht nur Hüseyin sah ich vor mir, sondern auch die anderen Freunde: Mehmet, Raif, Safter, Fikret, Münir, Tahir. Der kleinste und dünnste von uns war stets der spitzgesichtige Hüseyin gewesen. Beim Armdrücken machte er nie mit, weil er sich von vornherein geschlagen gab. Im Koranunterricht dagegen, in den wir allesamt geschickt wurden, war er der gelehrigste. Wenn wir in dem kahlen Raum vor den Holzpulten niederknieten und aus den Umhängetaschen das Heft mit dem arabischen Alphabet herausholten, las er mühelos die Buchstaben ab: Elif, Be, Te, Se, Cim, Ha … Ganz verdattert waren wir, als er einmal sagte, am liebsten würde er eine Sekunde lang das Gesicht des Propheten sehen und gleich darauf sterben. Überhaupt steckte er voller Todesgedanken. Von dem roten Wind behauptete er, der werde uns als Zeichen für den Jüngsten Tag geschickt, damit wir uns nicht mit irdischem Tand begnügten. Da lachten wir nur, bis uns vor lauter Wüstensand im Mund die Zähne knirschten, dann hielten wir uns irgendein Tuch vors Gesicht und machten, dass wir nach Hause kamen. Dass wir mit Gummischleudern Vögel jagten, warf er uns als Sünde vor, worüber wir nur spotteten. »Isst du etwa keine Hühner, das sind doch auch Vögel, bloß dass sie nicht fliegen!«

Da wiegte er gedankenvoll den Kopf. »Na ja«, sagte er, »wer weiß, ob nicht gerade dieser Vogel von den Mauerseglern abstammt, die aus ihren Schnäbeln Steine auf die Soldaten des Götzendieners Abraha geworfen haben, als der mit Elefanten gegen Mekka loszog.«

Darauf spuckte der frechste von uns, nämlich Ismail, kräftig auf den Boden und sagte: »Leck mich doch am Arsch, Hüseyin. Musst du uns hier alles versauen? Geh lieber heim und verdirb uns nicht den Spaß.«

Unser Lehrer Cemal erklärte uns einmal, was eine Fatwa sei, und fragte dann, wer von uns wohl in Frage käme, selbst einmal eine Fatwa zu sprechen. Als wir uns wie ein Mann zu Hüseyin umdrehten, musste Cemal lachen: »Stimmt schon, wenn überhaupt einer von euch, dann Hüseyin. Der Junge wird uns noch ein Mullah.«

Die Tage schienen damals länger zu dauern, die Sonne später unterzugehen, die Zeit langsamer zu verstreichen, und um nicht ganz und gar vor Langeweile zu vergehen, erfanden wir Spiele, saßen unter der glühenden Sonne, bis uns schwindlig wurde, zeichneten mit Stöcken in den Sand, vertrieben uns die Stunden mit Reifentreiben und Kreiselpeitschen, und als ich so daran zurückdachte, kam mir das alles vor wie aus dem Leben eines anderen Menschen und nicht zu meinem Ich gehörig, jenem Ich, das in Istanbul von Termin zu Termin eilte, im Verkehr steckenblieb und mit hängender Zunge zu Sammeltaxi, Bus und Metro hetzte. Es war, als sei ich durch einen merkwürdigen Traum in ein anderes Ich hineingeraten. Welches würde die Oberhand gewinnen? Etwa das Ich des furchtsamen Jungen, dem vor Jahr und Tag die Eltern – der

Vater ein Mekkapilger, die Mutter mit Kopftuch – hinterhergewinkt hatten, als er zum Studieren in die große Stadt geschickt worden war? Mir schien, dass dieses Ich, seit ich in Mardin war, auf vielfältige Weise wieder hervorspitzte. Ich erinnerte mich, wie ich von meinen aufgeschürften Knien, die gerade erst wieder verheilten, mit peinigendem Genuss den Wundschorf abkratzte, bis die rosa Haut zum Vorschein kam. Wie mir im Hammam Seife in die Augen geriet, wenn meine Mutter mich wusch und mir immer wieder heißes Wasser über den Kopf goss, und wie sie mir gnadenlos die Haut abrieb, was besonders unter den Achseln und in der Leistengegend wehtat, und wie es aus den mit rotgestreiften Badetüchern abgetrennten und für uns Kinder verbotenen Bereichen streng herausroch (wir wussten damals noch nicht, dass die Frauen sich dort enthaarten), und wie durch die runden Löcher in der Hammam-Kuppel Lichtsäulen hereinschienen, in denen träge Staubkörner tanzten; kurz gesagt erinnerte eher mein Körper als mein Geist sich an das Land meiner Kindheit, das in mir hochkroch wie langsam ansteigendes Wasser.

Mir Hüseyin als Erwachsenen vorzustellen, fällt mir hingegen schwer. Gerade so, als wäre in Mardin der schmächtige Junge von damals angeschossen und in Amerika mein schwermütig dreinblickender kleiner Freund erstochen worden.

Auf den Bildern, die in der Zeitung eintreffen, und später im Familienalbum der Familie blickt mir jedoch ein junger Mann entgegen, der ganz anders wirkt, abgesehen vom Blick, der einzigen Spur aus der Kindheit noch, die nicht verwischt wurde. Spärliches Haar, runde Stahlbrille, schmales Gesicht, dünne Lippen, sichtlich schüchtern. Ohne jegliches Merkmal, das einem haften bliebe. Seine Mutter (Tante Adviye nannten wir sie, und sie erschien uns damals schon alt; nun ist sie eine gebückte, typisch osttürkische Frau mit faltigem Gesicht) reicht mir das Album mit den Worten, ich solle es ihr ja zurückgeben, denn etwas anderes sei ihr von ihrem Sohn nicht geblieben.

Ich frage sie, ob auch ein Bild jener jungen Frau darin sei. Mit heftiger Geste wehrt sie ab, nein, von der Teufelin sei da kein Foto, sie habe zwar eines gehabt, doch um noch mehr Schaden vom Haus abzuwenden, habe sie aus dem Bild erst die Augen herausgeschnitten und es dann im Ofen verbrannt und dazu ein paar Suren aus dem Koran aufgesagt. Damit nicht mal die Seele der Frau ins Haus gelange, habe sie an den Wänden Steppenraute aufgehängt und überall Blattsalat ausgelegt.

Wie ein eiskalter Wind, der einem ins Gesicht schlägt, wenn man das Fenster aufmacht, wird mir da auf einmal klar, was mich in dem alten zweistöckigen Haus so befremdet. Es liegt tatsächlich überall Salat herum: auf dem Fernseher, der Couch, den Beistelltischchen, den Sesseln, überall frischer grüner Salat. Auch an den Türen hängt welcher, an der Haustür, am Balkon und sogar draußen im Hof. Falls Tante Adviye aus Schmerz um ihren Sohn nicht selbst verrückt geworden ist, bringt sie mit dieser Salatorgie zumindest ihre Gäste um den Verstand. Ich will sie fragen, was es mit der Sache auf sich hat, aber sie nimmt gerade den an der Wand hängenden Koran aus seiner Schutzhülle, küsst ihn drei Mal und legt ihn sich kurz auf den Kopf. Aysel gibt mir mit einer Geste zu verstehen, sie werde mir das später erklären, also schweige ich. Mit dem Album in der Hand und dem Salat im Kopf gehe ich ins Hotel. Als ich Aysel wieder treffe, bin ich mir sicher, dass sie mir erläutern wird, ihre Mutter sei leider nicht mehr ganz bei Verstand, doch weit gefehlt. Sie sieht mich aus ihren Brombeeraugen an, in denen ich mich schon früher so gern verlor, und erklärt, mit dem Salat habe es schon seine Bewandtnis, vor dem habe sich die junge Frau nämlich gefürchtet.

»Vor Salat?«

»Ja. Deswegen ist ja auch alles herausgekommen.«

»Was?«

»Dass sie eine Teufelin ist.«

»Was hat das mit Salat zu tun?«

»Wussten wir zuerst auch nicht. Wir waren genauso verblüfft wie du.«

Da nicht gut sowohl die Mutter als auch die Tochter verrückt geworden sein können, muss hinter der Sache mit dem Salat etwas stecken. Die ganze Geschichte zieht mich immer mehr in ihren Bann, aber ich weiß nicht, wie ich die vielen disparaten Elemente unter einen Hut bringen soll. Die sogenannte Teufelin, mein Schulfreund Hüseyin, der sich in sie verliebt, der Anschlag in Mardin, sein Tod in den USA, und dann der Salat …

»War diese Meleknaz Hüseyins Frau?«, frage ich Aysel.

»Sie haben Hochzeitsvorbereitungen getroffen, das hat sich aber hingezogen, denn Meleknaz war hierher geflohen aus Syrien.«

»Ach, eine Syrerin?«

»Ja, er hat sie in einem Flüchtlingslager kennengelernt. Da konnte er natürlich noch nicht ahnen, dass es ihn mal das Leben kosten wird, wenn er sich dermaßen in sie …«

Der Satz erstickt in einem kleinen Schluchzer.

»Verliebt?«, frage ich.

»Ach woher«, erwidert sie aufbegehrend. »Man verliebt sich doch nicht in den Teufel. Verführt hat sie ihn, wer weiß, mit was für Tricks. So, dass er sogar seine Verlobte verlassen und seine ganze Familie gegen sich aufgebracht hat.«

»Ach, Aysel, das wird ja immer komplizierter. Kannst du mir nicht alles der Reihe nach erzählen?«

»Nein, jetzt nicht. Morgen kommt Hüseyins Leichnam, da ist die Beerdigung. Ich bin sowieso schon mitgenommen und muss auch noch alles Mögliche erledigen.«

Dann geht sie, mit ihren nach wie vor herrlichen Augen, und lässt mich verwirrt zurück, voller Fragezeichen.

Am Abend ziehe ich durch die engen Gassen der antiken Altstadt, komme an Werkstätten vorbei, in denen aramäische Meister filigrane Silberarbeiten fertigen, und irgendwann bin ich aus der Stadt heraus und steige wie damals als Jugendlicher auf den Hügel, auf dem die Kasımiye-Medrese steht. Von dort oben liegt einem die Ebene zu Füßen und man vermeint, ganz Mesopotamien zu überblicken. Die untergehende Sonne taucht die Burganlage von Mardin und die alten Steinhäuser in glühendes Rot. Mir ist, als wäre die Zeit stehengeblieben und mit ihr alle, die dieses Land hier schon bevölkert haben, seien es nun Kreuzfahrer, Tamerlans Mongolen, Artukiden, Seldschuken, Aramäer, Araber, Türken oder Kurden. Dass man in Istanbul losfliegen und sich kaum zwei Stunden später in die jahrtausendealte Geschichte Mesopotamiens versenken kann, löst ein seltsames Gefühl in mir aus, nicht eigentlich Melancholie und auch nicht einfach Verblüffung, ich weiß nicht, irgendeine vage Sehnsucht. Ich fühle mich weit weg von der Hektik meines Lebens in Istanbul, von meiner Frau, von der ich mich gerade getrennt habe, von der anstehenden Mühsal der Scheidung, der ständigen Nachrichtenjagd in der Zeitung, meinem Schreibtisch, meinem Computer. Jenseits der syrischen Grenze sehe ich in der Ferne die Stadt Qamischli.

Von der Großen Moschee ertönt der Gebetsruf, gleich danach auch von den anderen Moscheen. Mir läuft ein Schauer über den Rücken. Auch die Große Moschee hat in meinen Kindheitserinnerungen ihren Platz. Errichtet hat das schöne Gebäude ein christlicher Architekt, nicht weiter verwunderlich in dieser Stadt, in der so viele Glaubensrichtungen sich vermischten. An hohen Feiertagen wurden wir früh geweckt, vollzogen am Moscheebrunnen unsere rituellen Waschungen und nahmen gemeinsam mit unseren Eltern am Festtagsgebet teil.

Mit der Dunkelheit befällt mich Schwermut. Die Ebene wird immer konturenloser und verschwimmt zu einem endlosen Ozean. Fast ist mir zum Weinen zumute, doch weiß ich nicht warum. Mir fällt ein altes arabisches Gedicht ein, das mein Großvater mir beigebracht hat: Vornehme Menschen seien selbst in frohen Momenten von Traurigkeit angehaucht, während niedrigere Geister sich auch in großer Not ihre Fröhlichkeit bewahrten. Der Tenor des Gedichts passte gut zu jener trostlosen Atmosphäre damals, in der die Menschen kaum lachten, Frauen und Kinder sich in Gegenwart der Männer des Hauses nicht laut unterhalten durften, das Radio, aus dem arabische Lieder tönten, sogleich ausgemacht wurde, wenn der Großvater oder der Vater nach Hause kam, und wo bei den rasch eingenommenen Mahlzeiten jedermann schwieg.

Als ich die von artukidischen Sultanen erbaute Kasımiye-Medrese verlasse, wird mir klar, was mir so zusetzt: meine Einsamkeit. Ich bin allein in dieser Stadt. Wer von meiner Familie noch lebt, ist nach Ankara oder Izmir gezogen, und auch zu diesen Menschen habe ich keinen Kontakt mehr; meine Familienbande muss ich irgendwie gekappt haben. Mein Großvater und meine Eltern wiederum sind auf dem Friedhof. Dies ist nicht mehr meine Stadt. Die auf tausendjährige Steinhäuser aufgepflanzten Etagen aus billigen Ziegeln, der wie aufgeschlitztes Gedärm aussehende Wirrwarr aus Strom- und Telefonkabeln, all diese Hässlichkeiten, die nun vom Dunkel kaschiert werden.

Aus den Häusern dringt mattes Licht. Als wäre mit der Dunkelheit sämtliches Leid der mesopotamischen Geschichte auf die Stadt herabgesunken. Auf einmal gelüstet es mich nach Alkohol. Hunger habe ich keinen, aber ich will unbedingt etwas trinken. Nach allem, was ich so gelesen habe, ist Alkohol heutzutage in Mardin sehr schwer zu bekommen. Im Hotel wird keiner ausgeschenkt, in den Gaststätten auch nicht. Dabei war die Stadt früher berühmt für ihren aramäischen Kirschwein, und ebenso für den Reyhani-Tanz, bei dem man sich ein volles Raki-Glas auf die Stirn stellt, sich dann im Rhythmus der Musik, die Knie mal nach rechts, man nach links drehend, mit dem Oberkörper immer weiter nach unten und schließlich wieder nach oben bewegt, ohne dabei auch nur einen Tropfen zu verschütten.

Zu meiner Kindheit war der Islam in Mardin noch anders. Wenn wir an meiner betenden Großmutter vorbeiliefen oder ihr gar auf den Rücken kletterten, fürchtete sie zwar, ihr Gebet werde dadurch ungültig, doch wehrte sie sich nur so, dass sie gutmütig ihre Gebetsformeln mit lauter Stimme wiederholte. Bestand im Ramadan ein Kind darauf, auch zu fasten wie die Erwachsenen, hieß es, na gut, dann faste eben drei Mal, einmal am Anfang, einmal in der Mitte und einmal am Ende, dann hängst du an die Drei eine Null und schon hast du deine dreißig Fastentage beisammen. Derart liebevoll ging es zu. So sehr wir fasten wollten, hielten wir doch nicht durch, tranken heimlich Wasser und stibitzten aus der Küche Essen, und obwohl unseren Eltern das nicht entging, machten sie uns keine Vorwürfe, sondern sagten beim Fastenbrechen auch zu uns: »Möge Gott es annehmen.«

In der Stadt, in der Schule, überall waren Aramäer, Muslime, Juden und Zoroastrier miteinander befreundet und feierten gemeinsam die jeweiligen Feiertage. Jetzt dagegen verkommt die Stadt unter dem Schatten eines in sich gekehrten, verhärteten, wütenden Islams.

Wenn das andere Ich an der Vaterhand durch die Straßen ging, wurde ihm fast schwindlig von der Mischung aus Anis- und Grilldüften, die manchen Restaurants entströmte. Das roch so gut und so ganz anders als das Essen zu Hause, dass das Kind – wenngleich auch daheim Raki getrunken und an aramäischem Kirschwein genippt wurde – sich vorkam wie in einer anderen Welt. Nun hingegen erscheinen mir die Straßen dunkler als damals, freudloser, öder. Es ist eine Stadt, in der vieles aufeinanderprallt: der Islamische Staat, die PKK, die Armee ... Eine Stadt voller Angst.

Aus der Ferne höre ich Schüsse und Hundegebell. Um das seltsame Gefühl loszuwerden, in einer verlorenen Stadt zu sein, gehe ich ins Cercis Murat Konağı, das einzige Restaurant in Mardin, in dem Alkohol ausgeschenkt wird, vielleicht gerade, weil es einer Frau gehört. In dem imposanten Steingebäude stehen die meisten Tische leer, denn Touristen verlieren sich kaum mehr hierher, und die Einheimischen trauen sich nicht aus dem Haus. Ich bestelle aramäischen Kirschwein, und aus der Speisekarte wähle ich eine Lammkeule mit Quitten. Von früher weiß ich noch, dass der prächtige Konak einst der armenischen Familie Tüfekçiyan gehörte und nach der Vertreibung der Armenier an den Aramäer Cercis Murat ging, wie ja überhaupt viele Mardiner sich damals armenischen Besitz aneigneten.

Der gehaltvolle Wein ist ziemlich herb, hinterlässt aber einen angenehmen Kirschgeschmack. Ich frage den Kellner, ob ich mir ein paar Flaschen davon mitnehmen kann, denn im Hotel möchte ich weitertrinken; wenn schon nicht in der Lobby, dann wenigstens auf meinem Zimmer. Der Kellner verneint und verweist mich an die aramäischen Silberschmiede in der Innenstadt, bei denen meist hausgemachter Wein zu haben sei.

Ich sinne nach, wer mir erzählen könnte, was genau Hüseyin zugestoßen ist. Alte Freunde aufzutreiben, dürfte nicht schwer sein, doch wer von ihnen würde mir die Wahrheit sagen? Und wer überhaupt wissen, was wahr und was falsch ist? Sollten auch sie die Flüchtlingsfrau Meleknaz für eine Teufelin halten, würde ich nichts von ihnen erfahren. Wer hat auf Hüseyin geschossen und warum, und wie ist es zugegangen, dass der Tod ihn trotz der zwei Schusswunden ausgerechnet in Amerika ereilte?

Auf dem Weg zum Hotel, das früher eine Medrese war, geht mir das alles durch den Kopf, der (zum Glück) inzwischen leicht benebelt ist, sonst würden all die Fragen mich um den Schlaf bringen. So aber träume ich von einer jungen Frau mit einem Teufelsschwanz.

ERWACHE AUS DEINEM TIEFEN SCHLAF, MEIN HÜSEYIN

Hüseyins Leichnam war von seinem Bruder Salim aus den USA nach Istanbul gebracht und von dort nach Mardin geflogen worden. Bei der Beerdigung versahen Klageweiber ihren Dienst, schlugen sich auf die Brust, rauften sich die Haare und riefen immer wieder in so herzzerreißendem Ton, wie aufrecht und tapfer Hüseyin gewesen sei, wie gutaussehend und wie sehr vom Unglück verfolgt, dass die Familienangehörigen nur noch mehr Tränen vergossen. Ich kannte die Klageweiber in ihren schwarzen Gewändern, sie gehörten zu jeder Beerdigung, und sie gaben sich für ihr Geld auch redlich Mühe. Wer ihnen zuhörte, hätte meinen können, die eigentlich Trauernden seien sie, und sie litten mehr Schmerz als die Familie des Toten. Auf Arabisch, Türkisch und Kurdisch riefen sie »Steh auf, Hüseyin, steh auf, was soll dieser Schlaf, dieser tiefe Schlaf, dein Pferd steht im Stall, deine Lämmer sind ohne Herr, lass alle Trauer fern von uns sein, steh auf Hüseyin, was soll dieser Schlaf?« Dabei legten sie beide Hände aufs Herz und wiegten den Oberkörper im Rhythmus der Musik. An Gesicht und Händen hatten sie violette Tätowierungen, und bei den meisten war auch die Unterlippe violett, weil sie glaubten, Fatima, die Tochter des Propheten, sei von einem Sklaven gebissen und dabei an der Unterlippe verletzt worden. Meine Großmutter hatte sich auf die Brust Gazellen tätowieren lassen, und als ich sie einmal fragte, warum sie das getan habe, sagte sie, wenn sie bedrückt sei, sollten wenigstens auf ihrer Brust Gazellen herumspringen. Ob das nicht wehgetan habe, fragte ich, doch, natürlich, und wie, erst habe es geblutet und sehr geschmerzt, sieben Mal sei die Haut abgegangen, dann sei sie violett geblieben. Die Tätowiererinnen vermischten die Muttermilch von Frauen, die Mädchen säugten – Jungen eigneten sich nicht –, mit Ruß, tauchten darin drei Nadeln ein und fingen dann mit dem Stechen an. In der Schule hatte ich am Arm meines aramäischen Freundes Emmanuel ein tätowiertes Kreuz gesehen. Ich fragte ihn, warum er so etwas Blutiges und Schmerzhaftes über sich ergehen lasse. Wir tun das für unsere Religion, erwiderte er, aber das Gesicht lassen wir unangetastet.

An diesem düsteren Ort liegt meine Großmutter begraben, mein Großvater, mein Vater, meine Mutter. Ihr ungeratener Sohn ist schon vor der Beerdigung auf den Friedhof gekommen und hat die mit Unkraut überwucherten Gräber besucht. Fünf Minuten lang hat er unbeholfen davor herumgestanden, hat immer wieder die Namen und Daten gelesen und sich gesagt, meine Eltern sind da gar nicht, die gibt es nicht mehr. Was ist überhaupt noch drin, lauter Knochen? Er hatte gehört, bei den Griechen würden die Gebeine der Toten nach drei Jahren aus dem Grab geholt und bei Verwandten aufbewahrt; also waren nach drei Jahren wohl nur Knochen übrig. Sollte nicht auch er seine Eltern nach Istanbul mitnehmen? Wenn er sie dort jeden Tag vor sich hatte, würde ihm dann mit der Zeit verziehen, wie er sich benommen hatte, wie er seine Eltern schmählich verlassen und auf Mardin und seine ganze Herkunft herabgeschaut hatte? Natürlich nicht. Zumindest nicht, was seine Eltern anging. Die waren im Gegensatz zu ihrem verwestlichten Sohn bis ins Mark Menschen aus dem Osten, und auch wenn sie nunmehr kein Mark mehr besaßen, gehörten sie zumindest mit ihren Knochen und ihren Erinnerungen zu Mesopotamien.

In der Trauergemeinde gesellte ich mich zu einem hochgewachsenen, schnurrbärtigen Mann und flüsterte: »Ich wusste gar nicht, dass es noch Klageweiber gibt.«

Er sah mich an und erwiderte: »Tja, das ist eine alte Sitte, manche lassen welche kommen, andere nicht.« Dann blickte er wieder nach vorn. Offensichtlich sah er in mir lediglich einen neugierigen Trauergast.

»Als mein Großvater begraben wurde, waren auch welche da, Mehmet«, sagte ich.

Verdutzt wandte er sich wieder um und sah mich fragend an, bis sein Gesicht sich auf einmal erhellte. »Ibrahim«, sagte er. »Ibrahim?«

»Ja, Mehmet, ich bin's.«

Aus Pietätsgründen umarmten wir uns nicht, ja, schüttelten uns nicht einmal die Hand, doch als wir so gravitätisch nebeneinander standen, berührten wir uns kurz mit den Fingern, dann klopfte mir Mehmet zwei Mal auf den Rücken. Da sah ich, wie Aysel, die offensichtlich seit ihrer Kindheit nicht mehr an ihre Haare gerührt hatte, die beiden Zöpfe, die ihr bis zur Hüfte reichten, auf einmal abschnitt und sie ins Grab hinunterwarf.

DER GAST AUS DEM LALISCH-TAL

»Mensch, Ibrahim«, sagt Mehmet, »ich war ja so was von überrascht, jahrelang lässt du dich nicht blicken, und dann stehst du auf einmal neben mir, und noch dazu auf Hüseyins Beerdigung. Weißt du, ich habe oft mit ihm über dich geredet, wo du wohl bist und was du machst. Wir waren einfach neugierig, weil du doch so weit weg bist. Wir sind eisern in dieser Stadt geblieben, Ibrahim, es wäre uns gar nicht in den Sinn gekommen, woanders zu leben. Wir haben das Leben unserer Väter und Großväter fortgeführt, aber die Stadt hat sich verändert, wie du siehst, Mardin ist anders geworden, und wir ja vielleicht auch, wer weiß. Was aus den anderen geworden ist? Raif ist bei einem Autounfall ums Leben gekommen, Muharrem hat Krebs gehabt, geht ihm aber wieder gut, er ist Autohändler, und Hüseyin ... Weißt du, dass hier eine Uni gegründet worden ist, für Krankenpfleger und so? Da hat unser Hüseyin studiert. Er war ja der Einzige von uns, der in der Schule immer gelernt hat, und Menschen helfen wollte er schon damals, weißt du noch? Genau, richtig, nicht mal Vögeln durften wir was zuleide tun. So mitleidig ist er auch später noch gewesen, eher mehr sogar. Wir sind auch keine Unmenschen, aber er war schon außergewöhnlich. Er hat sich ständig für Arme, Kranke, Unterdrückte eingesetzt, nicht nur für Menschen, für alle Lebewesen. Du kennst doch die Esel, mit denen die oberen Stadtviertel beliefert werden, da wo die Gassen für Autos zu schmal sind. Die gehören seit Kurzem ganz offiziell zum Gemeindepersonal, aber davon haben sie nicht viel, die armen Viecher, denn sie sind noch genauso abgemagert und erschöpft und voller Wunden wie zuvor. Wenn Hüseyin Zeit fand, kümmerte er sich um die Tiere, schmierte Salben auf ihre wunden Stellen, behandelte ihre Krankheiten und redete liebevoll auf sie ein, und ob du's glaubst oder nicht, die Esel nickten dazu mit dem Kopf, als würden sie ihn verstehen. Einmal behauptete er gar, ein Esel habe vor lauter Dankbarkeit geweint. Wir zogen ihn damit auf, komm Junge, übertreib nicht, wie soll denn ein Esel weinen, aber in seiner naiven Art hat er immer wieder beteuert, es stimme schon, der Esel habe wirklich und wahrhaftig geweint. Hüseyin war schon ein ganz Besonderer, und wer hätte gedacht, dass es mal so mit ihm enden würde? Ja, hast recht, trinken wir auf ihn, Ibrahim, trinken wir auf den gutherzigsten Menschen der Welt.

Aber du kennst auch das Sprichwort: Allzu gut ist liederlich. Hüseyin hat es mit seiner Anteilnahme wohl übertrieben. Wenn er sich nicht gar so sehr diesen Lagern gewidmet hätte, wäre das alles nicht passiert, aber er war nicht zu bremsen, die vielen Flüchtlinge, die zu uns rübergeströmt sind, taten ihm so leid, da wollte er unbedingt helfen.

Du weißt, dass hier Hunderttausende von Syrern sind, in Zeltstädten, die haben es wirklich nicht leicht, aber wie sollte der arme Hüseyin die Not von so vielen Menschen lindern? Trotzdem tat er alles Menschenmögliche, rackerte sich ab, ja, zerriss sich fast. Hätte ihn nicht derart das Mitleid geplagt, wäre er fast sorgenlos gewesen. Er hatte ein gutes Auskommen, war verlobt und stand kurz vor der Hochzeit. Was, du wusstest gar nicht von seiner Verlobten? Nein, von wegen Teufelin, ein Mädchen von hier, Safiye, wohlhabende Abstammung. Du meinst wohl das Mädchen aus dem Flüchtlingslager. Natürlich erzähle ich dir alles, soweit ich eben Bescheid weiß. Wir haben aber nicht alles kapiert, denn je öfter Hüseyin in das Lager ging, umso seltsamer wurde er. Es gibt da so eine französische Organisation, Ärzte ohne Grenzen, die den Flüchtlingen hilft, mit denen war Hüseyin unterwegs und hat sich in den Zelten um kranke Frauen und Kinder und um Verwundete gekümmert. Die können dort nicht richtig heizen, und was meinst du, wie viele schon verbrannt sind, weil sie mit irgendwelchen Behelfsöfen ein Feuer ausgelöst haben?

Das mit Syrien ist furchtbar, da sind so viele Menschen losgezogen, um dem Tod zu entgehen, aber hier bei uns finden sie auch keine Ruhe. Du hast recht, die meisten sind vor dem Islamischen Staat geflüchtet, aber manche auch vor den Regierungstruppen oder vor Al-Nusra. Schlecht geht es allen, aber am schlimmsten sind die Jesiden dran, deren Dörfer sind vom IS überfallen worden, allen männlichen Bewohnern über zehn wurde der Kopf abgeschnitten und die Frauen und Mädchen wurden mitgenommen und vergewaltigt und später verkauft. Die Jungen unter zehn werden zu IS-Kämpfern herangezogen. Wer den Massakern entkommen ist, hat sich ins Lalisch-Tal geflüchtet, das ist der heilige Ort der Jesiden, dahin ziehen sie sich immer zurück, wenn sie unterdrückt werden. Sie sind zwar vom IS dorthin verfolgt worden, aber kurdische Kämpfer haben sie verteidigt und die Angreifer vertrieben.

Das hat alles durchaus mit Hüseyin zu tun, sonst würde ich es dir nicht so ausführlich erzählen. In den letzten Monaten war er nämlich vor allem in Lagern der Jesiden; weil die am meisten gelitten haben, sind sie für Hüseyin zur fixen Idee geworden. Er redete andauernd von ihnen und erzählte, die ganze Geschichte über seien sie immer von allen Religionen ausgegrenzt worden, am schlimmsten sei es aber mit dem IS gewesen, der behaupte nämlich, Jesidenblut zu vergießen, sei nach dem Islam erlaubt, und wer Jesiden töte, komme sogar ins Paradies. Und warum das? Ich kenne mich da nicht aus, aber ein paar Leute haben mir gesagt, die Jesiden beten den Teufel an. Stell dir vor, den Teufel! Solche gibt es also auch. Mein Vater weiß da bestimmt besser Bescheid. Du erinnerst dich doch an meinen Vater? Ja, zum Glück lebt er noch, gerade ist er achtzig geworden. Er ist gesund und drahtig wie eh und je, nur die Augen machen nicht mehr so mit, drum kann er nicht mehr so viel lesen wie früher, aber im Kopf ist bei ihm noch alles in Ordnung. Ach ja, stimmt, hast recht, er gab Hüseyin damals Unterricht in Religion, nach der Schule, das hatte ich schon vergessen nach all der Zeit, bravo, du hast ein gutes Gedächtnis.

Er hat also diese Meleknaz in einem Lager kennengelernt, ich selber habe sie nicht gesehen, aber mir ist gesagt worden, es sei gar nichts Besonderes an ihr – so ein dunkelhaariges, mageres Mädchen –, und dass man gar nicht versteht, was er an ihr findet, aber na ja, wo die Liebe hinfällt … Wegen ihr hat Hüseyin seine Verlobung aufgelöst, die arme Safiye hat sich die Augen ausgeweint. Sie hat gesagt, wenn er eine hübsche, wohlhabende Verlobte wie sie verlässt und stattdessen so einem armseligen Ding verfällt, muss dahinter irgendein Zauber stecken, und viele haben ihr recht gegeben, ich ja auch.

Mit Logik ist nicht zu erklären, was Hüseyin da angestellt hat. Noch dazu hat das Mädchen ein Baby, das blind auf die Welt gekommen ist. Ob sie vergewaltigt wurde oder verheiratet war, haben wir nicht herausbekommen. Beim Anblick der armen Jesidin mit dem blinden Baby hat Hüseyin wohl den Verstand verloren. Nach allem, was ich so gehört habe, hat er sich sehr bemüht, damit das Kind sehen kann, er hat es zu den französischen Ärzten gebracht, aber das hat nichts geholfen. Außer dem Baby hat Meleknaz anscheinend niemanden. Hüseyin hat sich an die Behörden gewandt und gesagt, er wolle das Mädchen heiraten, und in der Zeltstadt sollen sie sich nach jesidischem Ritus sogar verlobt haben, aber das haben wir und Hüseyins Familie erst später erfahren, und vielleicht war es auch nur ein Gerücht, genau weiß es keiner. Manche haben auch behauptet, zwischen Jesiden und Muslimen könne es gar keine Ehe geben und also sei das alles erlogen, na ja, ich weiß es nicht. Vielleicht haben sie sich einfach untereinander die Ehe versprochen. Jedenfalls hat Hüseyin es irgendwie geschafft, das Mädchen mit offizieller Erlaubnis aus dem Lager bringen, und dann ist er mit ihr schnurstracks zu seiner Mutter und hat gesagt: ›So, das ist meine Verlobte, Meleknaz heißt sie.‹

Seine Mutter ist erst mal in Ohnmacht gefallen. Du weißt ja, sie hat Safiye sehr gemocht, und die beiden Familien sind auch weitläufig miteinander verwandt. Als sie wieder zu sich gekommen ist, hat sie geklagt: ›Was werden jetzt die Leute sagen, du hattest eine bildhübsche Verlobte, und jetzt kommst du mit diesem Klappergestell daher.‹

Die Jesidin wartete draußen mit dem Baby auf dem Arm; dass sie Jesidin war, wusste damals allerdings noch keiner, und da sie kein Türkisch sprach, verstand sie nicht, was genau geredet wurde, doch aus Gestik und Mimik heraus ahnte sie wohl, was los war, und darum wollte sie nichts wie weg; aber Hüseyin packte sie am Arm und hielt sie zurück. Er sagte: ›Mama, wenn ich noch dein Sohn bin, dann ist das da deine Schwiegertochter, und das solltest du so schnell wie möglich akzeptieren, sonst bin ich nämlich weg.‹

Aysel hat erzählt, ihren sonst immer so sanften Bruder habe sie noch nie so gesehen. Alle dachten, er sei irgendwie verrückt geworden, aber später haben sie eins und eins zusammengezählt und sind zu dem Schluss gekommen, dass hinter der Sache nur der Teufel stecken konnte. ›Mit einem bösen Zauber hat er meinem Bruder den Kopf verdreht, was sollte der arme Kerl da machen‹, sagte Aysel.

Jedenfalls blieb Tante Adviye nichts übrig, als den Mund zu halten und das Mädchen hereinzubitten. ›Die betrat widerwillig das Haus‹, sagte Aysel, ›als würde sie damit nur uns einen Gefallen tun, sie sah keinem von uns ins Gesicht, lächelte nicht, sagte nichts, stand einfach nur fremd herum.‹

Das hochnäsige Mädchen hätte keinem von ihnen leidgetan, doch als dann Aysel das Baby auf den Arm nahm – und das nur nach gutem Zureden, denn erst wollte Meleknaz es nicht hergeben, aber Hüseyin streichelte ihr die Schulter und flüsterte auf sie ein –, da sah sie, dass das Kind blind war. Es habe ausgesehen, als hätten über den Augen des Babys zwei Wolken gelegen. Hübsch sei das Baby gewesen, ein liebes kleines Mädchen, aber eben mit einem Unstern behaftet. Einen Augenblick hatte Aysel schon gemeint, es sei Hüseyins Kind gewesen, aber das konnte ja nicht gut sein, er hatte Meleknaz gerade erst kennengelernt; wer weiß, wer der Vater des Kindes war, wohl irgendein Syrer. Aysel wollte das Baby ihrer Mutter reichen, aber die wehrte strikt ab, und wenn sie nicht gefürchtet hätte, ihren Sohn zu verlieren, hätte sie in ihrer resoluten Art das unglückselige Mädchen augenblicklich vor die Tür gesetzt, aber das konnte sie nun mal nicht, also zeigte sie sich wenigstens abweisend. Das sind Geschichten, was? So was von sonderbar.

Ja, ja, natürlich habe ich mit Hüseyin geredet und versucht, ihn umzustimmen, aber anstelle unseres alten Hüseyins war da auf einmal ein verbohrter, wortkarger Mann. Ich habe gesagt: ›Du tust so vielen Menschen weh damit, deiner Mutter, deiner Schwester und am meisten natürlich deiner Verlobten Safiye‹, aber ich konnte mir den Mund fusselig reden, er starrte doch bloß immer bockig vor sich hin.

›Dann erzähl mir doch wenigstens, was das für eine ist und wo du sie her hast‹, habe ich gesagt.

›Sie ist mit ihrem blinden Baby aus Syrien geflüchtet.‹

›Aha, sie hat dir also leidgetan, du bist ja ein weichherziger Mensch, ich sehe, wie dich das mitnimmt, aber man kann doch nicht jeden, der einem leidtut, gleich heiraten. Hilf ihr, sorg dafür, dass das Baby behandelt wird, tu meinetwegen was du willst, aber doch nicht so was. Du lässt deine Verlobte im Stich, verdirbst es dir mit deiner Familie, was soll denn das? Mir tun die Flüchtlinge selbst leid, die haben ihre Heimat verloren und müssen sich jetzt hier durchschlagen, aber was soll man denn tun, man kann nun mal nicht alle retten. Wenn du schon so sehr an diesem Mädchen hängst, dann hilf ihr ruhig, wie gesagt, ja, wir können ihr auch gemeinsam helfen, als aufrichtige Muslime können wir für sie und ihr Baby sorgen.‹

Da hat er endlich den Kopf gehoben, hat mich lange angesehen, und in seinem Blick war eine solche Verzweiflung, dass ich schon lügen müsste, wenn ich sagen würde, er hat mir nicht leidgetan. Nur wusste ich da noch nicht, warum er so schaute, denn er hat es mir nicht gesagt. Mir war, als hätte sein Gesicht in genau dem Moment einen so schmerzlichen Ausdruck angenommen, als ich von den aufrichtigen Muslimen sprach.

›Was ist denn los, Hüseyin, was siehst du mich so weinerlich an?‹, fragte ich ihn. ›Habe ich etwa nicht recht, wir tun uns alle zusammen und retten das Mädchen.‹

Das Gespräch fand in meinem Laden statt, beim Tee, und als ich von Retten sprach, stand Hüseyin auf einmal auf und sagte: ›Da gibt es nichts zu retten, Mehmet, lass es gut sein, bemüh dich nicht umsonst.‹

›Was, hältst du uns für so unsozial?‹

›Nein, das nicht, aber da ist was anderes.‹

Ich hakte nach, aber er rückte mit der Sprache nicht heraus, bis er schließlich ging und mich mit meinen Fragen im Kopf allein zurückließ, und danach hat sich nie wieder ein Treffen mit ihm ergeben.

Ich war sehr geknickt und zugleich wahnsinnig neugierig. Da ist man mit einem seit der Kindheit unzertrennlich, und auf einmal hat er seltsame Geheimnisse vor einem. Zwei Tage drauf kam Aysel an meinem Laden vorbei, da habe ich sie angesprochen, ob wir nicht mal ein bisschen reden können, und da hat sie mir alles erzählt, und mir war, als hätte ich eine Kugel durch den Kopf gekriegt.

Ein paar Tage, nachdem Hüseyin mit dem Mädchen aufgekreuzt war, habe sich die Mutter ein wenig besänftigt, was sollte sie auch machen, die arme Frau, in ihrer Verzweiflung, und sie habe zu Aysel gesagt: ›Lassen wir ihm ein wenig Zeit, vielleicht kommt er ja wieder zu sich, und um den Zauber zu brechen, gehen wir zu Tante Tevhide, und wir lassen bewährte Hodschas für ihn beten, vielleicht ist er ja von bösen

Geistern verzaubert worden.‹ So hat die Frau sich zu trösten versucht, und wie hätten sie auch wissen sollen, wie es wirklich um die Sache stand; sie dachten ja, Hüseyin hätte ihnen eine muslimische Araberin angeschleppt. Das Mädchen habe ihnen dann jedenfalls beim Kochen geholfen, aber immer schweigend. Einmal hätten sie mitbekommen, wie Meleknaz ihr Baby in den Schlaf sang, aber in welcher Sprache das war, kriegten sie nicht heraus; Arabisch jedenfalls nicht, und Kurdisch auch nicht. Inzwischen sei Hüseyin zu Safiye gegangen und habe die Verlobung aufgelöst, dabei sei furchtbar gestritten worden, und Safiye habe Hüseyin angebrüllt, er habe ihre Ehre in den Dreck gezogen, doch sogar als sie ihm den Verlobungsring an den Kopf warf, habe er kaum reagiert.

Wenn ich jetzt weitertrinke, schlafe ich wahrscheinlich irgendwann am Tisch ein, aber ohne zu trinken, kann man das alles gar nicht erzählen. Was du jetzt zu hören bekommst, wird dich noch mehr wundern, also trinken wir erst mal. Auf Hüseyin!

Natürlich sind bald darauf alle möglichen Verwandten angetanzt, von denen manche sich klammheimlich über die Situation freuten, während andere wirklich betrübt waren, doch alle fragten immer wieder, wie denn so was möglich sei und warum die neue Schwiegertochter nicht mit ihnen rede, bis auf einmal herauskam, woran es lag, und das war auch wiederum höchst sonderbar. In der Küche waren Tante Adviye, Aysel und Meleknaz damit beschäftigt, für die im Wohnzimmer wartenden Gäste Speisen zuzubereiten. Aysel nahm also einen Kopfsalat aus dem Kühlschrank und fing an, ihn zu schneiden, da tat Meleknaz plötzlich einen Schrei und rannte nicht nur aus der Küche, sondern gleich aus dem Haus, in reiner Panik, ohne ihr Kind. Aysel und ihre Mutter sahen ihr völlig verdutzt nach. Sie dachten nur, ist sie jetzt verrückt geworden, da strömten auch schon die Gäste in die Küche und fragten, was denn los sei, ob es Streit gegeben habe, dass das Mädchen schreiend rausgestürzt sei, als sei der Teufel hinter ihr her?

›Nein, überhaupt nicht‹, sagte Aysel, ›ich schwör's euch, sie hat gerade Böreks gemacht, und ich Salat, und auf einmal hat sie losgeschrien.‹

Alle schüttelten den Kopf und blickten sich ratlos an, ein Onkel Hüseyins aber sah sich in der Küche um und fragte schließlich Aysel: ›Du hast den Salat da geschnitten?‹

›Ja, ich habe ihn aus dem Kühlschrank geholt und gerade angefangen …‹

Da schloss der Onkel die Augen, sagte einen arabischen Spruch, in dem das Wort Teufel vorkam, und erklärte dann: ›Die ist Jesidin.‹

Die anderen schrien auf, wiederholten den Spruch des Onkels und sagten ehrfürchtig die erste Sure des Korans auf. Dann wurden Gebetsketten herausgeholt, wurde mit Harmalkraut das ganze Haus verräuchert, wurden Formeln gesprochen, und das alles, um den Teufel zu vertreiben. Jetzt wirst du dich fragen, wie dieser Onkel der Sache auf die Spur gekommen ist. Nun, ich hätte es nicht gewusst, aber anscheinend ist es so, dass die Jesiden sich vor nichts mehr fürchten als vor Kopfsalat. Nicht mal das Wort sprechen sie aus, geschweige denn, dass sie Kopfsalat anfassen oder gar essen würden. Tja, mich hat das genauso verwundert wie dich, ich sah da keinen Sinn dahinter, aber als ich später herumfragte, wurde mir alles bestätigt. Manche behaupten, dass der Teufel, den die ja anbeten, sich in Salat versteckt, und andere sagen, dass in der Sprache der Jesiden das Wort Salat so ähnlich klingt wie das Wort

Gott. Mein Vater könnte dir das besser erklären, in solchen Sachen kennt er sich aus. Sowieso hat er Hüseyin damals zu sich gerufen und ihm Ratschläge erteilt, schließlich war er mal sein Lehrer.

Mit meinem Vater? Natürlich kannst du mit dem reden, du weißt ja, wie gern er dich mochte, aber jetzt schläft er, es ist ja schon spät, komm einfach morgen wieder. Oder übernachte doch gleich bei uns, dann musst du nicht um diese Zeit noch bis zum Hotel gehen, meine Frau richtet dir das Gästezimmer her, also tu mir den Gefallen und bleib, morgen früh können wir dann gemeinsam frühstücken, Mensch, nach all den Jahren, und morgen Mittag gibt's Meftune, das hast du bestimmt schon lang nicht mehr gekriegt.«

DAS SALATFELD

Als Kinder hatten wir oft beim anderen übernachtet, und nicht nur für Gäste wurde aus dem Bettschrank eine Bodenmatratze herausgeholt, auch wir selbst schliefen so.

Sobald ich den besonderen Geruch in Mehmets Haus einsog, fühlte ich mich als ein Abtrünniger, zurückgeworfen auf mein anderes Ich. Wie hatte ich nur vergessen können, wie damals immer die Treppen quietschten, wie die Gaslampe flackerte, wenn wieder mal der Strom ausfiel, wie meine Großmutter, wenn wir ihr beim Beten auf den Rücken kletterten, ihr »*Semi allahu limen hamideh*« nur lauter hersagte, wie herrlich es im ganzen Haus roch, wenn rosa blubbernde Marmelade eingekocht wurde. Wie fremd ich mich nun fühlte, wenn ich mich fragte, wie ich das alles nur hatte vergessen können ... Ich war verdutzt, als Mehmet mir eine Bodenmatratze anbot, dabei hatte er doch völlig recht. Er war hier verwurzelt, mich dagegen trieb der Wind herum, ich war einer der Millionen von Menschen, die in der Großstadt beliebig geworden waren, austauschbar.

In meiner Kindheit hatte es hier noch kaum Hotels gegeben. Mehmet bot dem »Fremden«, den er dreißig Jahre nicht gesehen hatte, voller Selbstverständlichkeit einen Platz zum

Schlafen an, doch ich schlug ihn aus, denn nach dem vielen Alkohol und allem, was ich gehört hatte, brauchten mein benebelter Kopf und meine kribbelnden Beine einen nächtlichen Spaziergang. Zwar ging es in Mardin nicht mehr so ruhig zu wie in meiner Kindheit, doch in seiner Heimatstadt hat man nie so recht das Gefühl, es könne einem etwas zustoßen.

Die Gassen waren menschenleer. Hin und wieder hob ein Straßenhund den Kopf und sah mich an, ohne sich aber weiter um mich zu kümmern. Bald würde der Morgen anbrechen, und ich war neugierig, wie die Geschichte weiterging, doch da sie uns beiden so naheging, war Mehmet zum Erzählen zu erschöpft und ich zu müde, um noch zuzuhören. In der Lobby des Hotels, dem man die frühere Medrese noch ansah, herrschte Totenstille. In meinem Zimmer warf ich mich sofort aufs Bett und murmelte nur noch: »Hüseyin, ach Hüseyin …«

Danach muss ich augenblicklich eingeschlafen sein. Im Traum stand ich vor einem Feld voller riesiger Salatköpfe, aus denen lauter kleine Lebewesen herausspitzten: die Geister von Tante Adviye.

TRUNKEN VOM EIGENEN BLUT

»Mögen dir viele Kinder und Enkel beschieden sein«, sagte Mehmets Vater Fuat zu mir. »Komm, setz dich. Du kommst mir vor, als bräuchtest du einen Mokka. Wie du siehst, sitzt mir das Alter im Nacken, aber bis jetzt kann ich mich nicht beschweren. Als ich gehört habe, dass du in Istanbul Journalist geworden bist, war ich mächtig stolz auf dich, und einmal haben wir dich auch im Fernsehen gesehen, in einer Nachrichtensendung, weißt du noch? Damals war hier in der Gegend eine Hochzeitsgesellschaft überfallen worden, und sie hatten vierundvierzig Menschen erschossen, Männer, Frauen und Kinder, darüber hast du geredet. Es gab alle möglichen Gerüchte über das Massaker, mal hieß es, jemand sei bei einem Geschäft übervorteilt worden, dann wieder, zwei Teilhaber hätten sich zerstritten, und dich haben sie wohl befragt, weil du aus Mardin stammst, aber eigentlich ging es um ganz was anderes, und zwar um Eifersucht. Die Frau eines der Erschossenen hatte etwas mit einem Mann aus der Familie des Bräutigams ... Ach! Furchtbar das alles. Diese Augen haben schon so viel Blut gesehen, so viel Grausamkeit. Aber so ist es nun mal hier, nie geht es ohne Blut ab, solange die Leute nicht tot sind, muss Blut fließen. Vor allem, wenn es um die sogenannte Ehre geht, kommt den Leuten kaum etwas anderes in den Sinn, als zur Waffe zu greifen. Ich werde nie unseren Nachbarn Hasan vergessen, den hat sein eigener Bruder erschossen. Hasan war ein ziemlicher Frauenheld, ein hochgewachsener, gutaussehender Kerl. Sein älterer Bruder, ein grundfrommer Mensch, hat ihn immer wieder gewarnt und ihm gedroht, dass es eine Sünde sei, wie er lebe, und Hasans Frau hat er eingeschärft, sie solle ihm gleich melden, wenn ihr Mann nachts nicht nach Hause komme. Um ein Unglück zu verhindern, wusste die arme Frau sich nicht anders zu helfen, als jedes Mal, wenn ihr Mann aushäusig war, ein Paar seiner Schuhe vor die Tür zu stellen, damit der Bruder dachte, er sei zu Hause.

Ach, das hat natürlich nichts geholfen, wer kann schon aus seiner Haut? Mit einer Frau in einem Nachbardorf hatte Hasan ein Verhältnis, und sie hat von ihm Zwillinge zur Welt gebracht. Bei ihr war Hasan oft, und als der Bruder das eines Tages erfuhr, ließ er Hasan aufgebracht zu sich nach Hause kommen. ›Sag ein letztes Mal dein Glaubensbekenntnis, dann dreh dich irgendwohin, aber nicht in Richtung Mekka, denn ich erschieße dich jetzt. Hast du gehört, nicht in Richtung Mekka!‹ Den Bruder zu erschießen, war für ihn keine Sünde, aber einen Mann zu töten, der in Richtung Mekka steht, schon. Und er hat ihn tatsächlich erschossen. Ja, seinen eigenen Bruder, mitten durch den Kopf. Dann ist er in das Nachbardorf, hat die Frau ausfindig gemacht und ihr die Kinder weggenommen. ›Um die kannst du dich nicht kümmern‹, hat er gesagt, ›ich suche dir erst einen Mann, und dann bekommst du sie wieder‹. Dann hat er die Babys in sein eigenes Dorf gebracht und sie in eine Hütte gesperrt, der durfte sich niemand nähern, sonst hätte er ihn auf der Stelle erschossen. Die Kinder weinten vor Hunger und Durst, aber niemand traute sich, die Tür der Hütte zu öffnen. Tagelang mussten die Leute im Dorf sich das anhören und vergossen dabei selbst viele Tränen, aber sie konnten nichts ausrichten. Ich kann mich noch vage an das Weinen erinnern, und hin und wieder fällt es mir wieder ein. Es ist immer leiser geworden, je schwächer die Babys wurden, immer leiser und leiser, und irgendwann hat es aufgehört. Siehst du, Ibrahim, so eine Gegend ist das hier, in der es nie an Blut und nie an Grausamkeit fehlt. Deswegen auch all das, was Hüseyin zugestoßen ist.

Dieser Mann übrigens, von dem ich dir erzählt habe, wenn der seine Frau schlug, zog er sich vorher aus, und seine Frau ebenfalls, und weißt du auch, warum? Nicht etwa aus irgendeiner sexuellen Perversität heraus, wie du wohl meinst. Nein, er wollte nur nicht, dass jemand, der die Schreie seiner Frau hörte, ins Zimmer kam und ihn daran hinderte, nach Herzenslust weiterzuprügeln. Es durfte nämlich kein Mann hinein, da im Zimmer eine nackte Frau war, und auch keine Frau, da im Zimmer ein nackter Mann war. Kannst du dir so etwas Teuflisches vorstellen? Und trotzdem hat die Frau es ihrem Mann an nichts fehlen lassen und ihm sogar die Weintrauben einzeln geschält. Wie gesagt, es ist eine seltsame Gegend.

Weißt du, was *Harese* ist, mein Junge? Es ist ein alter arabischer Begriff, von dem sich unsere Wörter für Gier, gierig und Habgier ableiten. Lass mich dir erklären, was genau mit *Harese* gemeint ist. Du weißt ja, dass man das Kamel auch Wüstenschiff nennt. So ausdauernd ist das gesegnete Tier, dass es ohne einen Bissen Nahrung, ohne einen Tropfen Wasser drei Wochen lang unentwegt durch die Wüste ziehen kann. Dort aber wächst eine Distel, auf die das Kamel sehr erpicht ist. Sobald es eine sieht, rupft es sie ab und kaut darauf herum. Die scharfen Dornen reißen ihm das Maul blutig, und mischt sich das salzige Blut mit dem Geschmack der Distel, labt sich das Kamel erst recht daran. Je mehr es kaut, umso mehr blutet es und kann vom eigenen Blut nicht genug bekommen, und lässt man es gewähren, verblutet es. Siehst du, so etwas nennt man *Harese*. Im Nahen Osten ist es seit jeher üblich, dass man sich gegenseitig umbringt und nicht merkt, wie man sich dabei selbst tötet. Man berauscht sich am eigenen Blut.

Was sagst du, mein Junge, ich höre nicht mehr so gut wie früher, sprich etwas lauter. Ach so, ja, dieser sogenannte Islamische Staat, diese Seuche, hat auch ihre Finger drin. Die blutige Organisation einer blutigen Gegend. Die waren es ja auch, die auf Hüseyin geschossen haben. Gemach, gemach, ich werde dir alles erzählen, eile mit Weile. Ein paar von Mehmets Freunden, zum Beispiel Raif und Hüseyin, haben immer Pech gehabt, und andere, wie du, haben es zu etwas gebracht. So spielt eben das Schicksal. Ganz Mardin ist stolz auf dich, und auf Hüseyin waren wir auch stolz, aber er ist eben der *Harese* zum Opfer gefallen. Gut, dass du nach Istanbul gegangen und dieser Misere hier entkommen bist. Deine Eltern sind ja früh gestorben, mögen sie in Frieden ruhen, aber du hast aus deinem Leben etwas gemacht.

Ja, mein Junge, ich weiß schon, worauf du neugierig bist. Du möchtest etwas über das Mädchen erfahren, das Hüseyin in diesen Schlamassel gebracht hat. Und über die Jesiden, die Teufelsanbeter.

Fangen wir mal mit dem Wort selber an, denn eigentlich muss es nicht Jesiden heißen, sondern Eziden. Ihre Religion ist sechstausend Jahre alt, sie waren also vor den Juden da, vor den Christen und vor den Muslimen. Ich habe Bücher, die sich sehr ernsthaft mit ihnen befassen, aber kannst du auf

Arabisch lesen? Habe ich mir gedacht, bei Mehmet ist es auch so. Eure Generation kann sich zwar auf Arabisch durchschlagen, aber lesen und schreiben tut ihr nur auf Türkisch. Egal, ich kann es dir ja erzählen. Die Eziden wenden sich drei Mal pro Tag der Sonne zu und beten, und es heißt manchmal, ihre Religion gehe auf einen Sonnenkult zurück. Sie ist eben so alt, dass ihre Anfänge vergessen wurden. Wir haben hier aramäische Klöster, und unter einem davon, dem Kloster Zafaran, ist ein vermutlich vor viertausend Jahren errichteter Sonnentempel, da gehen sie manchmal zum Beten hin. Ihrem Glauben nach gibt es Gott und sieben Engel. Der Hauptengel ist Melek Taus, der »Engel Pfau«, der eben als Pfau dargestellt wird. Es heißt, als Gott Adam erschaffen habe, habe er von Melek Taus verlangt, vor dem Menschen niederzuknien, doch er habe dies verweigert. ›Der ist aus Erde geschaffen worden‹, soll er gesagt haben, ›ich dagegen aus Feuer, also sollte nicht ich vor ihm niederknien, sondern er vor mir.‹ Daraufhin soll er aus dem Paradies verjagt worden sein, und weil in den späteren Religionen der Teufel aus dem Paradies verjagt wurde, hat man Melek Taus damit assoziiert und behauptet, die Eziden seien Teufelsanbeter. Melek Taus soll nach der Vertreibung aus dem Paradies sein Tun bereut und siebentausend Jahre lang geweint haben, sodass mit seinen Tränen sämtliche Feuer gelöscht und die Ozeane gefüllt wurden. Daraufhin soll Gott, also Ezd, ihm verziehen und ihn zu seinem Hauptengel gemacht haben. Tja, so ist der Glaube der Eziden. Melek Taus ist ihnen heilig, den Namen des Teufels nehmen sie nicht mal in den Mund. Wenn du mich jetzt fragst, ob Melek Taus gut oder böse ist, würde ich sagen, er ist beides, der Engel des Guten und des Bösen. Die Eziden sind gute Menschen, doch da man sie für Teufelsanbeter hält, sind sie im Lauf der Geschichte immer wieder verfolgt worden und haben sich nie richtig davon erholt, sodass sie immer weniger wurden. Die Armen sind wie ein abgebrochener Ast der Menschheit, und so bezeichnen sie sich übrigens selbst. Mit dem Aufstieg des IS haben wieder neue Massaker begonnen. Der IS hat die Dörfer der Eziden überfallen, die Männer enthauptet und verbrannt, die Mädchen und jungen Frauen als Sklavinnen mitgenommen und die Kinder als Feinde der Eziden aufgezogen. So viel Elend, mein Junge, so viel Gewalt. Wer sich retten konnte, hat sich auf den heiligen Berg Sindschar geflüchtet, und von dort über die Grenze in die Türkei. Hier leben sie jetzt in abgetrennten Lagern. Wenn du sehen würdest, was sie mitmachen, würdest du vor Mitleid zerfließen.

Tja, aber was dich vor allem interessiert, ist ja wohl die Sache mit Hüseyin und dieser Meleknaz. Ich habe Hüseyin zu mir kommen lassen, habe mit ihm geredet, ihm Ratschläge gegeben. Ihm klargemacht, dass er die Frau nicht heiraten kann, weil das sowohl die Muslime als auch die anderen Religionen verbieten, und sogar die Eziden selbst.

›Aber Onkel Fuat‹, hat er gesagt, ›das sind so gute Menschen, reinen Herzens, und wenn du Meleknaz sehen würdest …‹

›Das weiß ich, mein Junge‹, habe ich gesagt, ›und ich weiß auch, dass das mit dem Anbeten des Teufels blanker Unsinn ist, aber die Tradition ist nun mal so, und ich versuche lediglich, dich vor Mardin zu schützen, dich und das arme Mädchen, und auch das blindgeborene Baby. Du weißt, dass hier viele Anhänger des IS wohnen, die würden euch umbringen. Du wirst vielleicht einwenden, dass auch IS-Kämpfer mit ezidischen Mädchen leben, aber das ist etwas anderes, sie machen die Mädchen nach jahrtausendealtem Brauch zu Sklavinnen und verkaufen sie auf dem Markt, auf dem man bisweilen um ein Päckchen Zigaretten ein zehnjähriges Ezidenmädchen bekommen kann, aber du dagegen willst eine Ezidin heiraten, und das akzeptieren sie nie und nimmer. Ein Muslim und eine Ezidin dürfen nicht heiraten, dürfen nicht Mann und Frau sein; ich weiß, das ist Unsinn, furchtbarer Unsinn, du kennst mich als aufgeschlossenen Menschen, doch was hilft's, in diesem Erdstrich geht nun mal die Tradition über alles, und wenn sie noch so falsch und abergläubisch ist. Der Weg, den du gehst, führt zum Tod, Hüseyin, du musst auf diese Liebe verzichten, lass dir das von deinem Lehrer gesagt sein.‹

So redete und redete ich auf ihn ein, doch ich konnte ihn nicht überzeugen, er sagte nur immer wieder, dass er das Mädchen retten werde. Weil er sich aufführte wie der legendäre Mecnun, der aus Liebe den Verstand verliert, wurde ich doch neugierig auf die Frau, die den aufrichtigen Muslim Hüseyin zu solcher Verrücktheit trieb. Wie verliebt musste er sein, dass er seine Verlobte, seine Mutter, seine Schwester, seinen Lehrer und ganz Mardin gegen sich aufbrachte? ›Wo ist das Mädchen jetzt?‹, fragte ich, und Hüseyin erwiderte: ›Sie ist weggelaufen, ich muss sie auch erst suchen. Sogar ihr Kind hat sie zurückgelassen.‹ Dann hat er mir die Geschichte erzählt.

Salat ist bei den Eziden eine Sünde, mein Junge, eine der größten Sünden sogar. Es sind dazu viele Geschichten überliefert, womöglich wissen die Eziden selbst nicht, was wirklich dahintersteckt, aber seit Tausenden von Jahren ist es nun mal so. Ich sah Hüseyin an, wie ungeduldig er war, wie er auf seinem Stuhl hin und her rutschte und am liebsten aufgesprungen wäre, um sich sofort auf die Suche nach dem Mädchen zu machen, und ich wusste, dass er das nur nicht tat, um seinen alten Lehrer nicht zu kränken. Du wirst dich ja erinnern, wie höflich er schon als Kind war. Schließlich hielt es ihn nicht mehr, und er bat mich, gehen zu dürfen, und da merkte ich, dass all meine Worte nichts genützt hatten. Der arme Junge küsste mir die Hand, rannte zur Tür hinaus und seinem Todesengel entgegen, der wohl schon auf ihn wartete.«

DIE HEILIGE SONNE MESOPOTAMIENS

»Aysel, ich gehe dir vielleicht mit meiner Fragerei auf die Nerven, aber gib mir bitte trotzdem eine Antwort. Was hat Hüseyin gemacht, als die Frau weglief?«

»Na, was meinst du wohl, er hat sie natürlich gesucht wie ein Verrückter, ganz Mardin hat er auf den Kopf gestellt.«

»Und dann?«

»Die Sache hat so viel Staub aufgewirbelt, dass irgendwann eine Gruppe von IS-Anhängern Hüseyin angehalten und gesagt hat, er solle gefälligst aufhören mit der Suche nach der Frau, sowieso seien sie selbst hinter ihr her und würden sie umbringen, sobald sie sie fänden. Und für den Fall, dass er die Frau aufspüren und sie tatsächlich heiraten würde, würden eben beide erschossen werden.«

»Aber nach allem, was du mir erzählt hast, hat er sich davon nicht einschüchtern lassen.«

»Richtig geraten. Und da er es schlauer angefangen hat als die, hat er sie zuerst gefunden.«

»Wo war sie denn hin? Ins Flüchtlingslager?«

»Nein, den weiten Weg hätte sie sich nicht zugetraut ohne Geld, also hat Hüseyin sie dort gar nicht erst gesucht.«

»Wo sonst?«

»Er vermutete, sie würde sich an einen für die Jesiden heiligen Ort flüchten.«

»Nämlich?«

»In den Sonnentempel.«

»Den Tempel unter dem Zafaran-Kloster.«

»Genau. Sie hat sich wohl gedacht, dass die Sonne oder der Teufel oder wer auch immer sie dort schützen würde.«

Kaum zwei Stunden nach diesem Gespräch war ich auch schon in dem etwa fünf Kilometer von Mardin entfernten Kloster.

Bei einem alten aramäischen Priester namens Gabriel, dem schon aus den Augen sprach, dass er niemandem etwas abschlagen konnte, holte ich mir zunächst die Erlaubnis ein, das Kloster zu betreten. Höflicherweise ließ er mich an dem höhlenartigen, merkwürdigen Ort sogar allein, beziehungsweise gab er meiner Bitte darum statt. Der Sonnentempel war aus riesigen Felsblöcken erbaut, die sich ohne jede Verfugung gegenseitig abstützten, sodass die tonnenschweren Blöcke über mir seit etwa viertausend Jahren einzig und allein durch Druck und Gegendruck ihren Schlussstein hochhielten. Bei dem Gedanken lief es mir kalt über den Rücken. Früher oder später würde das Ganze einstürzen, durch ein Erdbeben vielleicht. In dem dunklen, kellerartigen Gewölbe suchte ich nach Spuren von Meleknaz. Wie war sie nur hierher gekommen und warum, und an welchen Felsblock hatte sie sich gekauert, vielleicht an den hier? Hatte sie geweint, sich nach ihrem Baby gesehnt, oder überwog bei ihr die Sündenfurcht? Bis vor Kurzem hatte ich über die Eziden noch so wenig gewusst, ja, sie gar Jesiden genannt. Dass sie angeblich den Teufel anbeteten, hatte ich wohl gehört, mich aber nicht darum gekümmert. Alles, was mich noch mit Gott oder Teufel verband, hatte ich vor Jahren schon in einem mühsamen Prozess von mir abgestreift wie eine Schlangenhaut. Als Student hatte ich mal ein Theaterstück namens *Mahmud und Yezida* gesehen, in dem es um einen Muslim und ein ezidisches Mädchen ging. Verblüfft hatte mich an dem Stück, dass um die Eziden herum ein Kreis gezogen worden war, aus dem sie nicht mehr heraus konnten. Ich hielt das für einen Regieeinfall, doch Freunde bestätigten mir, das gebe es wirklich. Vielleicht bildeten sich die IS-Leute ein, sie würden um Meleknaz, sobald sie ihrer habhaft waren, auch einen solchen Kreis ziehen. Würde das Mädchen dadurch in ein Gefängnis gesperrt, das nur in ihrem Kopf existierte?

Vor völliger Dunkelheit bewahrt wurde der Tempel lediglich durch eine kleine viereckige Öffnung, durch die die Sonne Mesopotamiens hereinschien. Ich stellte mir vor, wie das erste Morgenlicht auf das Gesicht einer mir unbekannten jungen Frau fiel und sie zum Gebet einlud. Ich sah das Mädchen regelrecht vor mir. Die mystische Atmosphäre in dem Gebäude ließ mich schwindeln. Verlor ich auch im Halbdunkel das Gefühl für Raum und Zeit, so fühlte ich doch, dass ich – wer immer ich früher gewesen sein mochte – nun ein anderer war. Wie betäubt war ich von der Einsicht, um wie viel länger die Welt schon existierte als ich.

Wenn ich, Ibrahim, ein im digitalen Zeitalter lebender atheistischer Journalist aus einer der brodelnden Metropolen des 21. Jahrhunderts, hier dergleichen empfand, wie mochte es da erst Menschen ergangen sein, die in einer Welt alter Mythen, Legenden und Schimären lebten? Mehr als an Hüseyin dachte ich nun an Meleknaz. Was war sie für eine Frau, wie sah sie aus, war sie rebellisch, wild, ein armes Ding, klug, oder alles zusammen? Ihr Gesicht konnte ich mir nicht vorstellen, da in Aysels Album kein Bild von ihr gewesen war, doch sonderbarerweise glaubte ich, in dem dunklen Tempel ihre Seele zu spüren. Mag sein, dass ich sogar ein paarmal ihren Namen flüsterte, wahrscheinlich war es so, doch ganz sicher bin ich mir nicht.

Mir war, als würde ich mich in einer Art Experiment von der materiellen Welt lösen, dabei glaubte ich an dergleichen gar nicht. »Leerer Glaube«, sagte einer unserer Dozenten an der Journalistenschule, »ist tatsächlich leer und entspricht keinerlei Tatsachen, und dennoch verdankt ihm die Menschheit jegliches Schöpfertum und jegliche Kunst. Die Maya etwa fürchteten sich vor Urwaldschlangen und erhoben sie daher zu Göttern, und auf einem ihrer Tempel war eine Treppe derart beschaffen, dass man zweimal im Jahr, jeweils zur Tagundnachtgleiche, den Eindruck hatte, es würde sich dort von oben eine Schlange herabwinden. Aus einem aberwitzigen Glauben heraus ist eine herrliche Ästhetik geboren. Und mit allen Tempeln, Altären und Pyramiden der Welt verhält es sich nicht anders. Darum sollten Sie manche Dinge nicht als Aberglauben abtun, denn ohne sie gäbe es keine menschliche Kultur, weder Architektur noch Musik oder Literatur. Schließlich ist Darwin auf die Galapagos-Inseln gefahren, um die Existenz Gottes zu beweisen, und um die ging es auch Faraday.«

Diese Worte kamen mir wieder in den Sinn, als ich an einen Felsen gelehnt im Sonnentempel saß, und was soll ich lügen, mein Auge suchte nach Meleknaz, nach einer Spur von ihr. Und seltsamerweise fand ich tatsächlich eine, aber nicht mit dem Auge, sondern mit der Hand. Im Halbdunkel ertastete ich etwas Weiches, und als ich es aufhob und in das durch die Deckenöffnung hereinfallende Licht hielt, das man durch das kleine Viereck zu kondensieren und zu weihen gedachte, hatte ich ein Taschentuch vor mir, ein dünnes, weiches, weißes und ansonsten ganz gewöhnliches Taschentuch, das allerdings in einer Ecke mit einem roten Pfau bestickt war, einem schwarzroten Engel Pfau. Mir war, als würde ein Frauenduft davon ausgehen, aber vielleicht bildete ich mir das auch nur ein. Endlich hatte ich von Meleknaz etwas in der Hand, ein mit ihren Tränen vollgeweintes Tuch. Und berührte zum ersten Mal einen sorgfältig gestickten Engel Pfau. Den Engel des Guten und Bösen, die mächtige Königin der Reue und der Abbitte, die allerhöchste Einheit aus Engel und Teufel, die Gut und Böse überragt. Der Engel Taus, der mit seinen Tränen Ozeane füllt, und Meleknaz wurden allmählich eins. In der Ferne rief eine Frau weinend: »Wir sind der abgebrochene Ast der Menschheit.«

Auch mir war zum Weinen zumute. Reiß dich am Riemen, Ibrahim, komm zu dir und hör auf mit dem Unsinn. Lass dich nicht anstecken von dem Märchenzauber dieser Stadt.

DER ARAMÄISCHE PRIESTER GABRIEL ERZÄHLT

»Wir freuen uns sehr über Ihren Besuch, werter Herr. Natürlich lesen wir Ihre Artikel und sind stolz, dass Mardin einen so erfolgreichen Sohn hervorgebracht hat. Ja, ganz richtig, der gelbe Farbton unseres Klosters stammt daher, dass in den Mörtel früher Safran gemischt wurde. Und berechtigt ist auch Ihre Frage, wie es denn komme, dass die Aramäer, immerhin die älteste Glaubensgemeinschaft der Christenheit, ausgerechnet auf einem heidnischen Tempel ein Kloster errichtet haben. Nur müssten Sie das nicht mich, sondern die Erbauer fragen. Vermutlich hatte der Sonnentempel damals schon längst keine Bedeutung mehr, nach all der Zeit. Im Vergleich dazu ist unser Kloster mit seinen tausendsechshundert Jahren geradezu neu, denn der Tempel darunter ist viertausend Jahre alt. Lachen Sie nicht, das meine ich ganz ernst, vor tausendsechshundert Jahren, das ist in dieser Gegend so gut wie gestern. Sie haben vielleicht die Schriften auf den Türen bemerkt, das sind Psalmen Salomos, in Aramäisch, unserer Sprache. Dieses Kloster wurde von unseren heiligen Vorvätern errichtet, Allahs Segen sei mit ihnen. Ja, Sie haben schon richtig gehört, auf Türkisch sagen auch wir Allah. Auf Aramäisch sagen wir Eli. Doch ob nun Eli, Eloi, Ilah oder Allah, das sind alles nur verschiedene Namen für unseren einzigen Schöpfer. Was waren die letzten Worte Jesu am Kreuz? Genau, sie waren auf Aramäisch, Sie sind also mit der Geschichte der Christen vertraut. ›*Eli, eli, lama sabachthani?*‹ Richtig: ›Mein Gott, mein Gott, warum hast du mich verlassen?‹ In dieser Sprache reden wir auch heute noch in diesem Kloster, es ist die Sprache der Bibel. Die Hauptsache aber ist, dass wir den Glauben an Gott in unserem Herzen tragen, denn wir sind alle seine Menschenkinder.

Jetzt fragen Sie mich aber etwas Schwieriges. Die Jesiden benutzen keinen dieser Namen für unseren Herrgott, ja, ich meine sogar, sie glauben gar nicht an ihn. Sie haben ihren Engel Pfau. Möge Allah sie von dieser Perversion befreien, denn sie leben in Sünde. Ja, sowohl uns als auch dem Islam und dem Judentum gelten sie als Pervertierte, doch halten sie hartnäckig an ihrem Irrglauben fest. Wir kann man nur einen Pfau anbeten? Sie sind doch ein aufrechter Muslim, sagen Sie mir doch, was um alles in der Welt soll das für ein Glaube sein? In der Gegenwart dieser Leute darf man den Namen des Teufels nicht in den Mund nehmen, gleich welcher Religion man ist. Möge unser Herrgott sie auf den rechten Weg führen, mehr kann ich dazu nicht sagen. Kaum ein anderes Volk ist je so unterdrückt worden wie sie, und dennoch rücken sie von ihrem seltsamen Glauben nicht ab.

Sie interessieren sich also für dieses jesidische Mädchen, diese Meleknaz. Ich verstehe zwar nicht warum, doch will ich Ihnen gerne erzählen, was ich weiß. Einer unserer Priester hat vom Tempel her ein Weinen gehört und daraufhin ein am Boden liegendes Mädchen gefunden, das er hierher brachte. Die Arme litt sichtlich unter Hunger und Durst und hörte nicht auf zu weinen. Dass sie Jesidin war, erkannten wir zunächst nicht. Wir sprachen sie auf Türkisch und Aramäisch an, doch das verstand sie nicht, Arabisch und Kurdisch dagegen schon. Als Namen gab sie Meleknaz an. Wir weisen hier grundsätzlich niemanden ab, welcher Religion er auch sein mag. Also haben wir ihr Essen und Kleidung gegeben und ihr ein Zimmer zugewiesen, damit sie sich ein bisschen ausruhen konnte. Darin hat sie denn auch so lange geschlafen, bis jener Hüseyin, Gott habe ihn selig, ganz aufgeregt bei uns ankam. Er hat uns erzählt, dass das Mädchen Jesidin sei, er sich aber mit ihr verlobt habe. Natürlich stand es uns nicht zu, ihn zurechtzuweisen, doch haben wir ihn darauf aufmerksam gemacht, dass dies sowohl nach muslimischer als auch nach christlicher Lehre nicht statthaft ist. Er hörte aber nicht auf uns, sondern zog mit dem Mädchen davon, und wir haben die beiden nicht wiedergesehen. Natürlich wissen wir, dass Hüseyin angeschossen wurde und später in Amerika auf so tragische Weise ums Leben kam. Er möge in Allah seinen Frieden finden. Es hat uns mitgenommen, dass so ein aufrechter junger Mensch wegen dieses irrgläubigen Mädchens in so jungen Jahren sein Leben lassen musste.

Ach so, Sie sind ein Jugendfreund von ihm, deshalb also sind Sie hier. Dann richten Sie doch bitte seiner Familie unser aufrichtiges Beileid aus. Allah schenke diesen Menschen Geduld.

Das Mädchen, also diese Meleknaz, ja, sie war schwarzhaarig und sehr dünn. Aus ihrem schmalen Gesicht sind vor allem die Augen herausgestochen, die glänzten ganz sonderbar, mal herausfordernd, mal wütend, mal richtig voller Hass. So als trüge sie ein bedeutendes Geheimnis mit sich herum und wollte es niemandem erzählen. Hätte sie geredet, wäre man vielleicht von diesen Blicken nicht mehr so beeindruckt worden, durch das Schweigen aber hatten sie eine ungemeine Wirkung. Wir sind nicht dahinter gekommen, was mit ihr los war, aber offensichtlich verbarg sich in ihrem schmächtigen Körper eine starke Seele, sonst wären wir von ihr nicht so berührt worden. Wir konnten sie lange nicht vergessen.

Nein, ich habe keine Ahnung, wo sie jetzt ist. Wenn Sie den Sonnentempel sehen möchten, gerne, wo wir schon so viel davon geredet haben. Hoffentlich schreiben Sie einen schönen Artikel darüber.«

DIE FRÜHERE VERLOBTE

Auch auf die Gefahr hin, es der schmerzgeprüften Familie gegenüber an Achtung fehlen zu lassen, bettelte und flehte ich am nächsten Tag in meiner unbezähmbaren Neugier so lange, bis die in ein schwarzes Kopftuch gehüllte Aysel sich schließlich dazu herabließ, mich zum Konak von Hüseyins früherer Verlobten Safiye zu bringen. Das stattliche Gebäude, in dem schon wer weiß wie viele Generationen jener bedeutenden Familie gewohnt haben, ist wie zahlreiche Häuser in Mardin aus einem weichen, mit Verzierungen versehenen Stein erbaut, der mit der Zeit durch die Oxidierung eine rötliche Färbung von bezaubernder Wirkung annimmt.

Safiye führte uns in den Empfangsraum im Erdgeschoss. Sie mag etwas üppig sein, gehört aber zu der Art Frauen, über die man beim ersten Anblick gleich denkt: ›Mein Gott, ist die schön!‹ Im Orient, wo man Schönheit vor allem in den Augen sucht, die tief und dunkel wie eine Wüstennacht sein sollen, kommt das Mollige, etwa auch ein fülliges Kinn, gut an.

Nachdem Aysel uns vorgestellt hatte, beklagte sich Safiye zunächst wie eine Prinzessin, der man das Herz gebrochen hat, doch allmählich ließ sie immer mehr durchblicken, wie sehr es in ihr brodelte. Dass sie in ihrer Ehre verletzt worden war, schien fast noch schwerer zu wiegen als der Verlust des einst geliebten Menschen. Sie blähte die wohlgeformten Nasenflügel und sagte nur immer wieder »dein Herr Bruder«, ohne Hüseyins Namen je in den Mund zu nehmen. »Tut mir ja herzlich leid, Aysel, aber dein Herr Bruder war ein undankbarer, schäbiger, geisteskranker Kerl, jawohl, geisteskrank. Geht her und wirft wegen einem rotznasigen, teufelsanbetenden Flittchen ein herrliches Leben weg, oh ja, ganz genau, ein herrliches Leben. Noch dazu hat das Flittchen ein Kind, das noch dazu blind ist, und noch dazu weiß man nicht einmal, von wem es stammt. Was habe ich bloß verbrochen, dass ich mich an einen Kerl wie deinen Herrn Bruder weggeworfen habe? Mein Vater geht nur noch mit gesenktem Kopf herum, meine Mutter weint sich die Augen aus, sämtliche Verwandten sind am Boden zerstört, und ich stehe so jung schon als verschmähte Verlobte da. Ich mag dich, Aysel, sogar sehr, das weißt du, aber ich flehe zu Gott, dass er deinen Herrn Bruder so bald wie möglich zur Rechenschaft zieht. Er soll ihn mit einem Unglück überziehen, damit er merkt, was es heißt, mit anderer Leute Ehre zu spielen.«

Mich wunderte, dass sie von Hüseyin auf einmal redete, als ob er noch am Leben wäre. Dann ließ sie eine Litanei von Verwünschungen auf ihn los, von denen ich die meisten noch nie gehört hatte. Sie verfügte über ein geradezu entsetzlich reiches Repertoire, und bei manchem Fluch dachte ich mir, den musst du dir aufschreiben. Mein Favorit war: Gott gebe ihm die Krätze, aber keine Fingernägel. Was das für eine Qual sein muss!

Safiye gab sich, als ob Hüseyin nicht in einem fernen Land sein Leben ausgehaucht hätte und sein Leichnam nicht auf dem Dorffriedhof begraben läge. Über manchen Schmerz bringt einen also auch der Tod nicht hinweg, denn so manches Verhalten bleibt für immer unverziehen. Ich dachte das nur, doch Aysel sprach es aus. »Safiye«, sagte sie, »ich verstehe ja deinen Schmerz, aber wir trauern auch, mein Bruder Hüseyin ist tot, und über einen Verstorbenen soll man so nicht reden.«

Da schossen Tränen aus Safiyes Augen und flossen über ihre Grübchen hinweg. »Ich habe ihn doch geliebt, ganz furchtbar geliebt, und ich kann mich nicht damit abfinden, dass er tot sein soll, dass mein Hüseyin einfach nicht mehr da ist, bis in alle Ewigkeit nicht mehr da, er war doch immer bei mir und jetzt auf einmal nicht mehr, wie ist denn so etwas möglich? Ich bin völlig durcheinander, und zugleich kann ich ihm nicht verzeihen, was er mir angetan hat.«

Ich sah, wie sich bei ihr Wut und Liebe, Stolz und Gekränktheit, Rachedurst und Trauer zu einem unentwirrbaren Knäuel verknotet hatten, und sie tat mir leid.

»Immer wieder frage ich mich«, sagte sie, »ob an seinem Tod nicht meine Verwünschungen schuld sind. Ich habe ihm derart viele Flüche hinterhergeschickt und Gott bis zur Erschöpfung angefleht, er möge ihm doch hundert Mal heimzahlen, was ich zu leiden habe. Aber jetzt geht mir nicht mehr aus dem Kopf, dass ich ihn damit vielleicht umgebracht habe.«

DAS GEDICHT

Als ich mich am Abend von Aysel verabschiedete, sagte sie auf einmal: »Moment, ich habe noch was vergessen«, und dann drückte sie mir einige Zettel in die Hand.

»Was ist das?«, fragte ich.

»Ich glaube, das sind Liebesgedichte, die Hüseyin an das Mädchen geschrieben hat.«

Ich warf nur einen kurzen Blick darauf.

»Meleknaz hat die Zettel in ihrem Zimmer zurückgelassen«, sagte Aysel, »Mama wollte, dass ich sie in den Ofen werfe, weil sie womöglich verzaubert sind, was ja auch gut sein kann, bei dieser Teufelsbande muss man auf alles gefasst sein. Und ich wollte sie auch schon verbrennen, aber dann habe ich mir gedacht, vielleicht kannst du damit was anfangen. Lies sie oder wirf du sie weg, wie du willst, aber lass dich bloß nicht auch noch verzaubern.«

Wie schelmisch sie das sagte und dass sie mir die Briefe überhaupt gab, sah ich erfreut als Zeichen, dass sie mich mochte – denn für das mandeläugige Mädchen hatte ich seit jeher etwas übrig. Ich sah ihr nach, wie sie auf dem in Tausenden von Jahren glattgetretenen Steinpflaster davonging, auf dem Kopf ein schwarzes Tuch, darunter eine blaue Jacke und auf den Schultern – wie es beim Dichter heißt – Kummer, endlosen Kummer.

Im Hotel genehmigte ich mir einen starken Mokka und sah die Briefe an. Sie waren wohl in Hüseyins Handschrift, doch auf Arabisch geschrieben, in der Schriftart Rika, mit regelmäßigen, wie hingehauchten Buchstaben. Mit meinen aufs Mündliche beschränkten Arabischkenntnissen kam ich da nicht weit und ließ das Entziffern schnell wieder bleiben. Doch war ich schließlich in Mardin, wo viele Arabisch konnten, ja, fast alle, möchte ich sagen. In Istanbul dagegen hätte ich mich an eine Universität oder ein Übersetzerbüro wenden müssen.

Zu Hilfe kam mir mein Onkel Fuat, ohnehin ein Freund der Poesie, dem die Arbeit so leicht von der Hand ging, dass er mir innerhalb eines Tages alle Texte fein säuberlich ins Türkische übersetzte, und was ich da zu lesen bekam, hatte tatsächlich poetische Qualität, wenngleich Gedichte natürlich nur schwer zu übertragen sind.

Und was hatte unser Hüseyin nicht alles in sie hineingepackt!

Er hatte sich reichlich am Vokabular der arabisch-persischen Lyrik der vorislamischen und islamischen Zeit bedient, sodass man sich vorkam, als spazierte man durch duftende, üppig blühende orientalische Gärten. *Denk nicht, ich beklagte mich*, schrieb Hüseyin, *wie die Traube, die unter den Füßen der Geliebten zertreten wird / verwandle ich mich in granatfarbenen Wein / und nehme das Zertretenwerden willig hin.*

In einem anderen Gedicht hieß es: *Bevor noch die Rebe erfunden / ward ich schon trunken von ihr / und noch bevor du geboren warst / war ich berauscht von deiner Liebe.*

Es wimmelte in den Gedichten von Namen wie Cemşit,

Goliath, Rostam, Afrasiab oder Semiramis. *Und stellte sich Goliath zwischen uns, du Engelsgleiche / so würde ich mit der Schleuder meiner Liebe zu David / und schmetterte ihn zu Boden.* Oder: *Gleich Salomo, der sich Belkis zu Füßen wirft / verlier aus Liebe ich den Verstand.*

Wer hätte davon nicht berührt werden sollen? Es waren Liebespsalmen, wie sie an die Königin von Saba hätten gerichtet sein können, und nicht an ein armes Flüchtlingsmädchen, das dem Islamischen Staat entronnen war. Ich hätte zu gerne gewusst, was in Hüseyins Brust da für ein Liebesfeuer gebrannt hatte. War solche Liebe typisch für orientalische Gefilde, war es eine Art *Harese*, mit der der Mensch sich zugrunde richtete? Ließ so mancher Liebesseufzer sich in andere Sprachen vielleicht gar nicht übersetzen? Als Mensch aus der Großstadt, in der die Leute gleichgültig und gesichtslos nebeneinander her leben, einzig auf ihren Vorteil bedacht, fühlte ich auf einmal, wie ich Hüseyin um seine tiefe Leidenschaft beneidete. Was musste das für eine Liebe gewesen sein, die ihn zu diesen Versen inspiriert und ihn schließlich wie einst Mecnun in die sengende Wüste des Todes getrieben hatte? Und was mochte Meleknaz empfunden haben, als sie die Gedichte las? Angesichts dieses flehenden Liebenden? *Du hast die Kraft von Rostam*, rief er sie an, *ich dagegen bin schwach und arm / du bist die Starke, ich der Schwache / denn verwundet hat mich der Liebe Pfeil.*

Als die unglückliche Frau in ihrem armseligen Zelt diese Verse gelesen hatte, musste doch geradezu weiblicher Stolz in ihr angeschwollen sein. Vom Opfer wurde sie auf einmal zur Göttin. Und mit jedem Namen, jedem Bild, bei dem Hüseyin aus seinem reichen mesopotamischen Hintergrund schöpfte, sprach er etwas an, was er mit Meleknaz und ihrem Volksstamm gemeinsam hatte. Wo ich Rosinante gesagt hätte, sprach er von dem geflügelten Pferd Burak, wo ich auf Dulcinea angespielt hätte, nannte er die aus der Ferne Angebetete Züleyha, und wo ich Städte wie Istanbul, Paris, Rom oder London aufgezählt hätte, schwärmte er von Balch, Buchara, Samarkand oder Schiras, sodass ich mir beschämt vorkam wie ein Tourist, der in diesem Land nur zu Besuch ist. All die Jahre schon lebte ich hier als ein Fremder und war dazu auch erzogen worden. Als kleiner Junge im Lale-Kino in Mardin hatte ich mich bei Westernfilmen immer mit den Cowboys identifiziert, doch bei meiner ersten Reise nach Europa musste ich mich damit auseinandersetzen, dass ich dort nicht als Cowboy, sondern als Rothaut angesehen wurde, und nicht als Weißer, sondern als Schwarzer. In einem Roman, den ich vor ein paar Jahren gelesen hatte – *Glückseligkeit* glaube ich hieß er –, wurden die türkischen Intellektuellen mit Trapezkünstlern verglichen, die ins Leere fallen, denn das östliche Trapez haben sie losgelassen und das westliche nicht erwischt.

VOM ANDEREN ENDE DER WELT KOMMT NOCH EIN ENGEL

Mein Handy ließ ich in Mardin stummgeschaltet, damit es nicht in einem unpassenden Moment losklingelte oder piepte. Eigentlich wollte ich wenigstens am Abend kurz nachschauen, wer angerufen hatte, doch war ich so in die alte Märchenwelt eingetaucht, dass ich nach der Rückkehr ins Hotel, benommen auch vom Wein, sogar das unterließ. Automatische Meldungen wie »kann momentan nicht antworten« oder »außerhalb der Reichweite« galten in der Welt der Istanbuler Presse als Sünde. Mir war es lieber, mich nach dem Motto »aus den Augen, aus dem Sinn« eine Weile mesopotamischer Trägheit zu überlassen, was mir aber nur bis zu dem Moment gelang, als das stummgeschaltete, aber des Vibrierens durchaus noch fähige Handy an jenem Abend so lange auf sich aufmerksam machte, dass ein Ignorieren schlichtweg nicht mehr möglich war, vor allem auch, weil auf dem Display der Name meines Ressortleiters stand.

Kaum hatte ich mich mit röchelnder Stimme gemeldet, da legte der Ressortleiter auch schon los. Wo um Himmels Willen ich denn sei, seit Tagen versuche man mich zu erreichen, ob ich denn nicht wenigstens meine Nachrichten checke; der

Chefredakteur frage schon ständig nach mir und sie hätten alle Mühe, ihn hinzuhalten, etc. etc.

Ich war sogleich hellwach und versuchte mir eine Antwort zurechtzulegen. Als der Ressortleiter endlich nach Luft schnappen musste, nutzte ich die Gelegenheit und sagte zu meiner Entschuldigung, ich sei da an einer hochinteressanten Sache dran, die mit syrischen Flüchtlingen, mit ezidischen Lagern und mit vom Islamischen Staat verübten Massakern und Vergewaltigungen zu tun habe. Die Geschichte werde ziemliches Aufsehen erregen, und vielleicht könne sogar eine Artikelserie daraus werden. Natürlich nur, wenn das genehm sei. Und falls nicht, so würde ich um einen Teil meines Jahresurlaubs bitten, um noch länger hierbleiben zu können.

»Von wegen Urlaub!«, zischte er mir entgegen. »Du musst jetzt sowieso genau dort sein. Morgen rückt ein ganzes Bataillon Journalisten an. Ich schicke dir noch einen Fotografen rüber.«

Ich stutzte. Hatte Hüseyins Geschichte etwa derart schnell eingeschlagen?

»In was für einer Welt lebst du eigentlich?«, rief der Ressortleiter. »Morgen kommt Angelina Jolie in deine Gegend, als UN-Sonderbotschafterin, und sieht sich ein paar Flüchtlingslager an. Da kreuzt die Weltpresse auf, kapiert?«

»Ach so, Angelina Jolie, hm! Das ist ja eine Riesengelegenheit.«

»Jetzt pass mal auf, ich weiß ja nicht, was du dort treibst, aber irgendwie ist dir das Glück wohl hold. Du kümmerst dich augenblicklich um die Akkreditierungen, und ihr bringt mir von Angelina ordentliche Fotos heim. Tut, was ihr könnt, Hakan und du, und wenn du ein paar Interviewfetzen losschlägst, wär's natürlich noch besser. Also, auf in den Kampf, das kommt auf die Titelseite. Ach, und noch was, wenn du mal ein paar Tage nur Wasser trinkst, wirst du auch nicht daran sterben.«

Und peng, legte er auf. Die hatten sicher eine Stinkwut auf mich. Ein Journalist, den man nicht erreichen kann, ist für seine Zeitung entweder tot oder ein Kandidat für einen Rausschmiss.

Ich starrte auf das Display. O je, sechs Anrufe von meiner Frau, von der Zeitung noch mehr, von Freunden alle möglichen Nachrichten per Whatsapp, Viber und SMS, ein *where r u* von einer jungen Frau und jede Menge Emojis: lauter gelbe Gesichter, die lachten, sich wunderten, traurig waren, und auch ein paar wütende rote und pumpende Herzen ... Sie kamen mir vor wie Signale aus dem Weltraum. Was hatten die alle mit dem viertausend Jahre alten Sonnentempel zu tun? Vielleicht ja tatsächlich etwas, womöglich etwas ganz Essentielles, nur wollte das in meinen Kopf nicht hinein. Ob unter den Emojis wohl auch ein Pfau war? Ich schaute sogleich nach, fand aber nur etwas, das genauso gut ein Truthahn hätte sein können. Einen Truthahn für einen Pfau zu halten, war vermutlich eine Todsünde, denn das eine war ein Tier, das andere ein Engel. Ich legte das Taschentuch von Meleknaz neben mein Kopfkissen, stellte das Handy auf laut und überließ mich den Armen des Schlafengels. Mein letzter Gedanke war noch, dass ich am nächsten Morgen unbedingt Mehmet einschalten musste, um vom Gouverneur eine Akkreditierung zu bekommen.

Die Frau ist wirklich wunderschön. Mit ihrer einzigartig durchsichtigen Haut, ihren riesigen Augen und den vorstehenden Wangenknochen sagt sie uns gleichsam: »Ich bin anders. Anders als alle anderen.« Durch das Heer der Journalisten hindurch geht sie auf die Flüchtlingszelte zu, und aller Augen sind nur auf sie gerichtet. Sie trägt ein loses schwarzes Kopftuch und sieht ernst drein, nicht gerade trauernd, aber doch sehr ernst.

Die syrischen Flüchtlinge strecken ihr die Hände entgegen, um sie zu berühren, und sie lässt sich auf jede Berührung engelsgleich ein. Die Sicherheitskräfte wollen verhindern, dass die armseligen Gestalten ihr allzu nahe kommen, doch Angelina gibt ihnen mit einer Geste zu verstehen, sie sollen die Menschen gewähren lassen. Wenn sie Kindern über den Kopf streichelt, lächelt sie.

Plötzlich stehen wir uns gegenüber. Angelinas feuchtglänzende Augen sehen mich an. Wir sind alle wie verzaubert.

Da halte ich ihr ein Taschentuch hin, in das mit schwarzem und rotem Faden ein Engel Pfau eingestickt ist. Sie nimmt es an sich und sieht mich fragend an. Ich erläutere ihr, dass das Taschentuch einer ezidischen Frau gehört und sie es vielleicht selbst mit dem Engel Pfau bestickt hat, dem Engel der Eziden, der eben nicht, wie viele meinen, ein Teufel ist. Hören Sie mich an, sage ich, glauben Sie mir, diese Menschen sind keine Kinder des Teufels, sondern Kinder der Sonne, Kinder der drei Berge, Kinder des Wortes. Da ihre heiligen Bücher verschwunden sind, wird ihre Lehre nur mündlich überliefert, von Generation zu Generation. Darum nennt man sie Kinder des Wortes. Sie haben viel Gewalt und einen Völkermord erlitten. Die junge Frau, die das Taschentuch bestickt hat, hat ein blindgeborenes Baby. Wir wissen um Ihre Barmherzigkeit, die ganze Welt weiß davon, und Sie haben schon viele Kinder adoptiert. Nehmen Sie sich bitte auch dieses blinden Mädchens an, lassen Sie es operieren, damit es sehen kann, wir finden dann auch seine Mutter wieder, die verschwunden ist, ich suche schon nach ihr. Sie heißt Meleknaz, das bedeutet Engel, genau wie Ihr Name. Seltsam, doch um die Kinder des Engels Pfau zu retten, kommt ein anderer Engel, der Engel Angelina.

Da geschieht etwas Unbegreifliches. Das Gesicht von Angelina Jolie verwandelt sich in den Engel Pfau und der sagt: »Ich bin doch sowieso seine Mutter, dieses Baby habe ich zur Welt gebracht. Was bist du bloß für ein Dummkopf, blindgeboren bist eher du, dass du nicht siehst, was den Eziden alles angetan wird, dass du die Babys nicht siehst, die in den Bergen jämmerlich verdursten, dass du nicht siehst, wie die Soldaten des IS über junge Mädchen herfallen und sie vergewaltigen, bis ihre Gebärmutter zerfetzt ist, und sich dann auch noch einbilden, sie hätten sie dadurch zu Musliminnen gemacht und ihnen etwas Gutes getan; und dass du nicht siehst, was der Mensch, den ich aus Gottes Gefilden auf die Erde geführt habe, dort für Unheil anrichtet. Du meinst also, du hättest verstanden, was auf dieser Welt geschieht? Mach, dass du davonkommst, du Menschenwurm!«

DER ENGEL JOLIE

Am folgenden Tag lief nichts so ab wie in meinem Traum. Der Privatjet mit Angelina Jolie landete gegen acht Uhr abends auf dem winzigen, in weiter Öde gelegenen Mardiner Flughafen. Sie und der Rest der UN-Delegation wurden vom stellvertretenden Gouverneur und seinem Gefolge empfangen. Die Journalisten hatten keinen Zutritt und drängten sich hinter der Polizeiabsperrung, um ein paar Bilder zu erhaschen.

Angelina Jolie wurde in einen schwarzen Autokonvoi verfrachtet, der rasch mit uns unbekanntem Ziel losfuhr; später hörten wir, dass die Delegation im Hilton Garden Inn abgestiegen war, auf dem Weg zur Ruinenstätte von Dara. Sobald der von meiner Redaktion geschickte Fotograf Hakan und ich Bescheid bekamen, fuhren auch wir zu dem Hotel, doch hier war ebenfalls alles weiträumig abgesperrt, sodass wir gerade noch den Springbrunnen der Anlage erahnen konnten. Selbst Hakans wie Bazookas anmutende Teleobjektive richteten nicht viel aus, und unser Versuch, wenigstens aus der Ferne ein paar brauchbare Bilder zu schießen, war zum Scheitern verurteilt.

»Mensch, Hakan«, sagte ich, »was sollen wir jetzt hier, die kriegen wir sowieso nicht zu Gesicht, für wen hält die sich eigentlich, die ist genauso jemand wie wir, weder Engel noch Göttin, was soll das ganze Theater? Die geht da drinnen in Ruhe aufs Klo, dann duscht sie, setzt sich im Bademantel hin und isst ein bisschen was, und dann legt sie sich ins Bett, und wir Idioten stehen uns hier draußen die Beine in den Leib.«

Hakan aber war besorgt. »Was glaubst du, was die mir erzählen, wenn ich ohne ein einziges Bild aufkreuze?«

»Na ja, erwiderte ich, wenn in einer anderen Zeitung eines erscheint, stehen wir natürlich dumm da. Frag doch mal rum, ob jemand ein Bild hat. Ansonsten laden wir einfach etwas aus dem Internet runter und arrangieren es ein bisschen. Schließlich ist die Frau ständig in solchen Lagern unterwegs, in Afghanistan, Pakistan und wer weiß wo noch.«

Von der Warterei unter den vielen Leuten war ich ganz entnervt und verfluchte die Schauspielerin, die von alledem nichts ahnte, aber sie hatte mich nun mal aus meinem Traum gerissen und zurück in die moderne Welt und mein Journalistendasein gestoßen, dabei wollte ich aus der Engelsatmosphäre gar nicht heraus, wobei mich nicht der *angel* interessierte, sondern der andere Engel, der verschwundene. Darüber hinaus war ich Angelina Jolie wirklich böse, denn was bildete sie sich eigentlich ein? Wenn sie aus ihrer glänzenden Hollywood-Welt auf eine Stunde in das Lager kam, verschlimmerte sie damit lediglich den Schmerz jener, die dort verbleiben mussten. Hätte ich Gelegenheit gehabt, mit ihr zu reden, hätte ich gesagt: »Die Leute sind doch bloß wegen Ihrer Politik hier, also nicht Ihrer persönlichen, sondern der Ihres Landes. Woher nehmen Sie sich eigentlich das Recht, mit Ihren Bombern, Soldaten und Flugzeugträgern über den Ozean zu kommen und das Land dieser Menschen zu zerstören und den Nahen Osten noch mehr zu verwüsten, als er es ohnehin schon ist, und mit der Lüge über Massenvernichtungswaffen in der Region Millionen von Menschen um ihr Heim zu bringen und uns hier die Plage des Terrorismus aufzuhalsen? Ist die UNO etwa dafür gegründet worden?«

Für all das konnte die Frau natürlich nichts, sie legte ja die Politik nicht fest, aber sie merkte anscheinend auch nicht, dass sie das Leid der Leute, das sie doch mildern wollte, im Grunde nur verschlimmerte. Durch ihren Anblick wurden die in Lumpen gehüllten, hungrigen, frierenden, hoffnungslosen Menschen mit der Nase darauf gestoßen, was für ein ganz anderes Leben für einige doch möglich war, und dann mussten sie eigentlich erst recht verzweifeln. Sobald Angelina in ihren Privatjet stieg und zurück in ihr glitzerndes Leben flog, würden die Flüchtlinge wieder damit beschäftigt sein, in dem schlammigen Boden Kinder zu begraben, die bei Ofenbränden erstickt waren.

Vor zwei Jahren hatte ich einen Studenten interviewt, der in Polizeigewahrsam gefoltert worden war. Sie hatten ihn in eine Art Verlies gesperrt und ihm tagelang so sehr zugesetzt, dass er bleibende Schäden davontrug. Besonders geplagt hatte ihn seltsamerweise ein Kanarienvogel, dessen Käfig dort hing. »Den Kerl habe ich gehasst«, erzählte er, »denn mit seiner Zwitscherei hat er mich ständig daran erinnert, dass draußen Frühling war und dort Menschen händchenhaltend herumgelaufen sind, in Freiheit. Der Vogel war ein Symbol der Schönheit und dadurch furchtbar für mich, denn in dem Verlies war für Schönheit kein Platz.«

Ich wiederum dachte nun, dass vielleicht auch Angelina ein Kanarienvogel war, ein Engel nicht im Pfauen-, sondern im Kanariengewand.

Zurück im Hotel gaben wir durch, wie Angelina Jolie empfangen worden war, und dank der fast schon zu Tränen rührenden Solidarität zwischen Fotoreportern konnte Hakan von einem Kollegen ein Bild ergattern, das die Frau beim Verlassen des Flugzeugs zeigte. Somit war der Tag erst einmal gerettet.

Beim Abendessen in Mehmets Haus erlebte ich wieder wahre Gastfreundschaft (seine Frau kochte mir ein spezielles Ragout mit roten Pflaumen, das ich seit meiner Kindheit nicht mehr gegessen hatte, und es schmeckte unbeschreiblich gut). Ich bat Mehmet, beim Gouverneur ein Wort für mich einzulegen, und das schlug er mir auch nicht ab. So spät abends erreichte er zwar nicht mehr den Gouverneur selbst, aber dessen Kanzlei, von der wir erfuhren, dass Angelina Jolie am folgenden Tag das Flüchtlingslager in Midyat besuchen würde. Wir beschlossen, schon vor ihr dort einzutreffen.

SCHEIDUNGSTAUMEL

Am nächsten Morgen wurde ich von meiner Frau wachgeklingelt. Ihr Gekeife, wo ich mich denn seit Tagen herumtreibe, brachte mich schneller zu mir als jeder Wecker. Eine schrille Stimme am frühen Morgen ist grundsätzlich nervtötend, doch sollte sich der geneigte Leser nun kein falsches Bild von meiner Frau, oder besser gesagt Ex-Frau, machen, denn ich möchte nicht verhehlen, dass sie schön ist. Sie ist eine dieser langbeinigen, gepflegten, gutgekleideten Brünetten, wie sie im 21. Jahrhundert in unseren Großstädten fast schon beängstigend häufig auftreten, und wie alle schönen Frauen hat sie zugleich etwas Furchterregendes an sich, denn von klein auf hat sie andauernd zu hören bekommen, was für ein hübsches Ding sie doch sei, und so hat sie schnell gelernt, die sie anschmachtende Männerwelt um den Finger zu wickeln. Im Bewusstsein, dass man Schönheit und Sexualität als Waffen einsetzen kann, hat sie ihr Leben generalstabsmäßig durchgeplant. Gegenüber Männern legt sie ein Überlegenheitsgefühl an den Tag, wie es in der Generation unserer Mütter noch unvorstellbar war. Sie verliebt sich nicht, sondern erwartet, dass man ihr verfällt. Sie bedient niemanden, sondern will nur selbst bedient werden, sie erwartet von einem Mann, dass er ihr die Tür aufhält, ihr Komplimente macht, ihr Teures schenkt, sie lobt, und wenn im Freundeskreis eine Geschichte erzählt werden soll, die beide kennen, übernimmt sie und er hat zu schweigen. Sie liegt gleichsam ständig auf der Lauer, als wollte sie innerhalb eines einzigen Lebens Rache für sämtliche Geschlechtsgenossinnen nehmen, die in diesem islamischen Land über Jahrhunderte weg unterdrückt wurden. Da meine Erfahrungen mit schönen Frauen samt und sonders auf Enttäuschungen hinausgelaufen sind, darf ich mir solche Verallgemeinerungen durchaus erlauben. An Frauen mit einem Engelsgesicht, aber einem Teufel im Herzen habe ich mich so sehr gewöhnt, dass ich beim Anblick großer Schönheit sofort an Böses denke. Sie stolzieren auf High Heels in Bürohochhäusern, in den Luxusgeschäften der großen Einkaufszentren und in Restaurants mit ausländisch klingenden Namen herum. Sie sind trinkfest, gebildet, riechen wunderbar und bringen in jedem Satz ein paar Worte in breitem Amerikanisch unter. Ob sie noch Jungfrau sind oder nicht und mit wem sie ihre erste sexuelle Erfahrung hatten, kümmert sie wenig. Einmal, als mich so ein Engelchen verließ, meinte ich zu ihr: »Deinen ersten Freund wirst du ja wohl nie vergessen«, worauf sie mir ins Gesicht lachte: Ob wir denn vielleicht noch im Mittelalter lebten? Ich versuchte, mich mit dem chinesischen Spruch zu trösten, eine Frau vergesse nie ihre erste Liebe und ein Mann nie seine letzte. Entgegen der landläufigen Meinung verspüren inzwischen wohl eher Männer das Bedürfnis, sich auf das seidenweiche Kissen der Romantik zu betten.

»Nie hebst du ab«, fuhr Aslı mittlerweile fort, »nie rufst du zurück, dir ist wie immer alles schnurzegal. Als hätte ich nichts anderes zu tun, als dir hinterherzulaufen! Benimm dich doch einmal wie ein zivilisierter Mensch!«

Ich ließ es über mich ergehen. Sollte sie doch erst mal ihrer Wut freien Lauf lassen. Solange sie im Weißglutmodus war, hätte jedes Wort von mir sie nur noch weiter aufgeregt, das wusste ich aus Erfahrung.

Da fiel mir etwas Kurioses ein, und zwar, dass wir unseren leidenschaftlichsten Sex ausgerechnet direkt nach unserer Scheidung gehabt hatten. Wir waren kaum ein Jahr verheiratet gewesen, hatten aber beide zu sehr an unserer Freiheit gehangen, sodass uns die Ehe allmählich zum Albtraum geworden war. Bei der Verhandlung plädierten denn auch unsere beiden Anwälte auf eine einvernehmliche Scheidung wegen »zerrütteter Ehe«. Der Richter versuchte es noch mit ein paar väterlichen Ratschlägen, dann trennte er uns und entließ uns gegen Mittag in den schönen Maientag. Aus dem Gebäude, das wir soeben noch als Verheiratete betreten hatten, spazierten wir somit als geschiedene Leute in die Frühlingssonne hinaus. Ich fühlte mich auf einmal federleicht, und als ich sah, dass es Aslı anscheinend ähnlich ging, lud ich sie spontan zu einem Abschiedsessen ein. In einem netten, kleinen italienischen Restaurant tranken wir Rotwein zum Essen, lachten viel und kamen uns vor wie Ballons, die Ballast abgeworfen hatten und nun immer höher stiegen.

Ich weiß nicht, wie uns danach geschah, jedenfalls gingen wir zu unserer Wohnung, in der sie nun allein lebte und aus der ich meine Sachen schon abgeholt hatte, und dort fielen wir übereinander her und liebten uns mit einer Leidenschaft, wie wir sie noch nie erlebt hatten, holten aus dem Körper des anderen höchste Lust heraus, erklommen Gipfel, stürzten uns hinunter, tauchten in Meerestiefen, schwebten unter einem Regenbogen hindurch.

»Und meinem Anwalt antwortest du auch nicht!«, schrie Aslı.

Irgendwann hatte ich das Gefühl, nun müsste ich mich doch einmal einschalten, und ich sagte: »Komm, Schatz«, aber das hätte ich nicht tun sollen, denn sogleich haute sie mir um die Ohren, sie sei nicht mein Schatz, was ich mir eigentlich einbildete, sie noch so zu nennen, sie wolle bloß noch eines von mir, nämlich dass ich ihr endlich wie versprochen die Wohnung überschreibe. Es fehle nur noch eine einzige Unterschrift, das könne doch verdammt noch mal nicht so schwer sein!

Mich wundert seit jeher, wie zwei Menschen, die einander so nahegekommen sind, wie es nur irgend geht, die eins geworden sind, sich so sehr entfremden können, ja sich nur noch wehtun wollen. Erst höchste Lust, dann die Begier zu verletzen, schon sonderbar.

»Schon gut, entschuldige«, sagte ich, »mich haben sie nach Mardin geschickt, ich bin hier an einer wichtigen Sache dran, aber sobald ich zurück bin, erledige ich sofort das mit der Unterschrift.«

Sie zögerte. »Versprochen?«

»Ja, versprochen.«

»Schwörst du es mir?«

»Ja, ich schwöre es, bei deinem Leben.« (Irgendwie stach mich der Hafer.)

»Spiel hier nicht den Clown.«

»Tu ich doch gar nicht, ich schwöre beim letzten Sex, den wir hatten, dass ich unterschreibe, sobald ich daheim bin.«

»Pah, das hatte ich schon längst vergessen«, versetzte sie, »du kannst ruhig weiterträumen, aber du wirst in die Röhre gucken.«

Darauf fragte ich unvorsichtigerweise, warum sie es denn so eilig habe, ob sie etwa schon wieder Hochzeitspläne schmiede, und bekam einiges zu hören. Was mich das angehe, was ich mir eigentlich einbilde, mich in ihr Leben einzumischen, usw. usf.

In aller Ruhe legte ich auf. Ich war nicht wütend auf sie, doch sie anscheinend sehr auf mich. In Istanbul wiederum wäre ich es auch gewesen. Dass ich nun so unbeteiligt war, so ruhig wie ein dahinfließendes Wasser, hatte mit Mardin zu tun, mit dem Schicksal Hüseyins, mit Meleknaz, mit der Tragödie von drei Millionen Flüchtlingen.

Mein Großstadtleben war so weit weg, als blickte ich durchs falsche Ende eines Fernrohrs darauf. Zeit und Raum schienen in Mardin anders zu wirken, das spürte ich bis ins Innerste meiner Zellen. Ich wollte unbedingt herausbekommen, wo Meleknaz war, und dieser halb als Engel, halb als Teufel geltenden Frau, von der ich nicht einmal ein Foto hatte, in die Augen sehen, die mir bis dahin noch niemand hatte beschreiben können. Wie seltsam musste sie doch aussehen – oder vom Wesen her sein –, dass jeder bei ihrem Anblick wie vom Schlag gerührt zu sein schien. Mehmet berichtete mir, auf dem Weg vom Lager zu ihm nach Hause habe Hüseyin sie beschworen, sich nicht als Ezidin zu erkennen zu geben. »Ich flehe dich an«, habe er gesagt, »meine Leute haben von den Eziden falsche Vorstellungen, wenn sie erfahren, dass du eine von denen bist, gibt es eine Katastrophe, also tu mir den Gefallen und sag, du bist Muslimin.«

Da fragte ich Mehmet, in welcher Sprache die beiden sich eigentlich unterhalten hätten. Ein bisschen Türkisch verstehe sie, doch ihre Muttersprachen seien Arabisch und Kurdisch, und da Hüseyin auch Arabisch konnte, hätten sie sich problemlos verständigen können. In Mardin ist die Familiensprache fast immer Arabisch, nur habe ich mit der Zeit eben einiges verlernt.

Hüseyins Bitten und Flehen seien jedenfalls umsonst gewesen, sie habe sich darauf nicht eingelassen und gesagt, um nichts auf der Welt verleugne sie ihre Religion, und außerdem sei bei den Eziden die Lüge eine Todsünde; lieber lasse sie sich in Stücke schneiden. So verfielen sie auf die Lösung, dass sie über Religion einfach nicht sprechen sollte, sodass niemand auf den Gedanken komme, eine aus Syrien stammende Frau namens Meleknaz zu fragen, ob sie Muslimin sei. Somit würde sie nicht lügen und die Familie dennoch nichts mitbekommen. »Aber ach, dann kam die Sache mit dem Salat«, habe Hüseyin geklagt, wie habe er denn ahnen können, dass das Grünzeug sich auf sein Leben so verheerend auswirken werde?

Wie abgesprochen habe Meleknaz geschwiegen, ja, eher ein Stein hätte gesprochen als sie, bis eben zu dem Unheil mit dem Salat. Selbst Tante Adviye und Aysel hätten sich allmählich an die stille Anwesenheit der verstörend seltsamen Frau gewöhnt, die ansonsten harmlos wirkte, so gut wie nichts aß und hin und wieder ihrem Baby in einer unverständlichen Sprache ein Wiegenlied vorsang. Sie wohnte mit dem Kind in einem der Räume, die im Obergeschoss auf den Hinterhof hinausgingen, während Hüseyin in seinem alten Zimmer schlief, sodass in dieser Hinsicht unter dem Dach von Sünde keine Rede sein konnte. Ohnehin hätte Hüseyins Mutter eher geglaubt, dass die Sonne im Westen aufgehen oder der Euphrat auf einmal in die andere Richtung fließen würde, als dass ihr Sohn sich auf etwas Unsittliches einließe.

DIE KINDER DES WORTES

Der Besuch Angelina Jolies in den Flüchtlingslagern verlief für uns Journalisten genauso wie ihre Ankunft am Tag zuvor, nämlich als einzige Enttäuschung. Wir kamen wieder nicht durch den Sicherheitskorridor, sahen Angelina nur von weitem und konnten nur dank Hakans mächtigen Objektiven ein paar einigermaßen ansehnliche Fotos schießen, für die wir schon dankbar waren. Sowieso interessierte ich mich mehr für die Flüchtlinge.

An Angelina Jolie fand ich lediglich faszinierend, dass ihr Name eben zufällig »Engel« bedeutet. Ich halte mich für einen rationalen Menschen, doch angesichts solcher Zufälle kann ich manchmal dem Kitzel des Überirdischen nicht widerstehen. Ich denke, so geht es den Meisten. Ob wir es zugeben oder nicht, wir finden Gefallen an der Vorstellung, unsere Existenz gründe sich nicht auf irgendwelche banalen Zufälligkeiten, sondern habe einen tieferen Sinn, der sich uns nur entzieht. Die Vision von einem Zusammentreffen mehrerer Engel hatte etwas Reizvolles für mich. Mehr als für Hüseyin interessierte ich mich ja allmählich für Meleknaz. Und in Angelina Jolie sah ich eine neue Göttin des Olymps, deren Abenteuer wir verfolgen, denn wenn uns im Technologiezeitalter auch viele Mythen abhandenkommen, so können wir doch nicht leben, ohne neue zu erzeugen. Nun ja, ich sah sie nicht direkt als eine Göttin, aber doch als ein Symbol dafür.

An die Stelle von Gilgamesch, Enkidu, Hera und Aphrodite sind die Götter der Fernsehshows, des Fußballs, der Musik und des Films getreten, für deren Liebes-, Hochzeits-, Scheidungs-, Streit- und Mordgeschichten wir uns interessieren. Angelina Jolie war wie Artemis, die Göttin von Ephesus. Zwar hatte Artemis eine Vielzahl von Brüsten und Angelina nur zwei, und sogar die hatte sie sich – aus guten Gründen – entfernen lassen, aber doch war sie eine Göttin, das sah man allein schon daran, wie schwer an sie heranzukommen war. Von Göttern und Göttinnen sieht man immer nur Abbilder.

Nachdem die ganze Delegation wieder aus dem Lager abgereist war, durften wir mit Genehmigung des stellvertretenden Gouverneurs noch dort bleiben und mit Flüchtlingen reden. Im Dreck vor den zu Hunderten nebeneinander aufgereihten Zelten waren Kinder mit schmutzigen, aber lächelnden Gesichtern in ihre Spiele versunken, als wäre all das Schlimme gar nicht ihnen zugestoßen.

Als ich ein erstes Zelt betrat, schien die Zeit unter mir wegzurutschen. Es richteten sich so traurige Blicke auf mich, wie ich sie im Leben noch nicht gesehen hatte. Diese Augen! Als könnte man daraus lesen, was Hunderttausende von Eziden über Generationen hinweg an Gewalt und Leid erlebt hatten. Die Älteren waren vorwiegend schweigsam. Die Männer, deren Gesichter sich ausnahmen wie die Topografie des Lalisch-Tals, saßen mit angegrauten, seit ewigen Zeiten nicht gestutzten Schnurrbärten im Schneidersitz da und bewegten sich kaum. Ein junges Mädchen mit kurzgeschnittenen Haaren wippte unaufhörlich nach vorn und hinten und redete mit leerem Gesichtsausdruck vor sich hin. Später sollte ich erfahren, dass sie den Verstand verloren hatte, nachdem man sie bei einem Überfall des IS zuerst mit einem Gewehrkolben, dann mit einem Stein auf den Kopf geschlagen hatte. Vor den Zelten wuschen junge Frauen in Plastikwannen ihre Wäsche. Die Wannen waren gelb, orange, rosa, es gab sie in allen Farben, nur keine dunkelblaue war dabei, denn Dunkelblau galt den Eziden als heilige Farbe, die im Alltag zu verwenden eine Sünde gewesen wäre. Erst dachte ich noch: »Bei denen ist aber vieles Sünde.« Aber dann fiel mir ein, wie es bei uns zugeht. Da ist es etwa verpönt, sich in der Nacht die Nägel zu schneiden, einen Spiegel verkehrt herum aufzuhängen oder mit einem Tuch zu verhüllen, am Samstag Wäsche zu waschen, nach der Abreise eines Gastes sofort das Haus zu kehren, mit dem linken Fuß auf die Straße zu treten, mit der linken Hand zu essen, und in manchen Gegenden durfte man nicht einmal Fußball spielen, da seinerzeit in Kerbala mit dem abgeschnittenen Kopf von Hüseyin, dem geliebten Enkel des Propheten, angeblich herumgekickt worden war. Stattdessen wurde es als sinnvoll angesehen, Harmalkraut gegen den bösen Blick aufzuhängen, Blei zu gießen, Salz ins Feuer zu werfen oder beim Vorbeigehen an einer Wasserquelle die Geister um Erlaubnis zu bitten, und meine Großmutter hatte sich gegen den bösen Blick verwahrt, indem sie den Finger erst an die Nasenspitze und dann ans Hinterteil legte. So gesehen tat ich den Eziden wohl unrecht. Aber das mit dem Kopfsalat war dennoch höchst seltsam.

Ich erkundigte mich, wer im Lager über das meiste Wissen verfüge, und wurde an einen gewissen Scheich Seyda verwiesen. In dessen Zelt küsste ich dem Mann die an einen vertrockneten Ast erinnernde Hand und führte sie nach orientalischer

Art ehrerbietig an die Stirn. Davon fühlte er sich sichtlich geschmeichelt, denn in meiner Eigenschaft als »Journalist aus Istanbul« musste er mich für wer weiß wie wichtig halten. Mir war gesagt worden, unter den Kindern des Wortes sei jener Scheich Seyda der Gelehrteste, es gebe gleichsam nichts, was er nicht wisse. Nur solle ich um Himmels Willen nicht das Wort »Teufel« aussprechen, denn sobald er das höre, würde er sich eher umbringen lassen, als noch weiter mit mir zu reden, schließlich sei gegenüber dem Engel Pfau jenes Wort die schlimmste Beleidigung.

Ich fragte Scheich Seyda, was mich am meisten verwunderte, nämlich warum der höchste Engel ausgerechnet als Pfau geschildert werde. Lag es daran, dass das Ezidentum vor so langer Zeit begründet worden war? Hatte der Pfau damals in jener Gegend als heiliges Tier gegolten? Als Scheich Seyda leise und bedächtig zu sprechen begann, merkte ich sogleich, dass ich mit meinen Fragen vorsichtig sein musste, um nicht als allzu unwissend dazustehen.

Seyda sagte: »So ganz einfach ist die Antwort nicht. Das Ezidentum ist eine der ältesten Religionen, doch in unseren Gefilden und auch im Lalisch-Tal gibt es keine Pfaue, dagegen gibt es welche in Indien, was beweist, dass die Ursprünge des Ezidentums dort liegen.«

Da wurde mir bewusst, dass es sich bei dem armen, alten Mann, der in einem primitiven weißen Zelt auf einer Decke am Boden saß, um einen wahren Weisen handelte, dem ich sogleich viel mehr Achtung entgegenbrachte. Orientalische Weise drücken sich nicht wie im Westen in Büchern aus, sondern durch das gesprochene Wort, in Gedichten, Gleichnissen, Legenden. Auch Scheich Seyda verfuhr so, und als habe er jene Zeiten miterlebt, erzählte er von Zarathustra, von der avestischen Sprache, von Nebukadnezar und von Harun al Raschid. Die Sintflut habe tausend Jahre vor Gilgamesch stattgefunden, sagte er und zeichnete auf den nackten Boden vor sich einen Kreis: »So sah die Arche Noah aus, sie war rund.« Von der Legende über die vaterlose Zeugung aus der sumerischen Mythologie kam er auf die Zoroastrier und von da wiederum auf die fahrenden Sänger Anatoliens. Nach seinem Dafürhalten entwickelte sich immer das eine aus dem anderen heraus, doch würden in jedem Jahrhundert im Prinzip die gleichen Märchen erzählt.

Ich fragte, warum ausgerechnet die im Nahen Osten entstandenen Religionen sich so sehr ausgebreitet hätten. »Haben etwa wir die größten Sünden begangen und muss daher an uns am meisten nachgebessert werden?«

Seinen grauen Schnurrbart umspielte ein leises Lächeln. »Die Antwort darauf ist das Wort«, sagte er. »Nichts wirkt auf die Menschen so sehr ein wie das Wort. Und der Vordere Orient ist die Gegend, in der das Wort seinen Höhepunkt erreicht hat, denn nirgends sonst sind Gedichte, Legenden und Märchen entstanden, die sich so tief ins Herz der Menschen arbeiten. Darum gelten unsere Dichter auch als Magier, denn mit ihren schönen Worten verzaubern sie die Menschen.«

Dann trug er mir Verse auf Keldanisch, Assyrisch, Aramäisch, Ezidisch, Avestisch, Kurdisch, Arabisch, Persisch und noch anderen Sprachen vor, die ich allesamt nicht verstand. Ich hegte immer größere Bewunderung für diesen Mann, der sogar ausgestorbene Sprachen beherrschte. Schließlich traute ich mich zu fragen, was den Engel Pfau von den übrigen Engeln unterscheide.

»Er ist anders«, sagte der Mann, »weil er sowohl das Gute als auch das Böse in sich trägt, so wie der Mensch. Im Menschen stehen Gut und Böse ganz dicht beieinander, und was mehr gehegt wird, gewinnt die Oberhand. Bei den Göttern anderer Religionen verhält es sich doch ähnlich, nicht wahr? So ist auch unserer sowohl ein belohnender als auch ein strafender Gott, wie die Götter der großen Religionen. Oder glaubst du etwa, ein Gott, der da spricht ›Wer nicht an mich glaubt, dem gieße ich geschmolzenes Blei in die Kehle‹, kann nur gut sein? Wenn er doch den Menschen mit den schlimmsten Foltern droht? Pass auf, ich erzähle dir eine Fabel. In eurer Religion, also dem Islam, geht eine Heilige mit zwei Eimern auf die Straße, in dem einen hat sie Wasser, im anderen Feuer. Als sie gefragt wird, wohin sie denn unterwegs sei, erwidert sie, mit diesem Eimer werde ich das Höllenfeuer löschen und mit dem anderen das Paradies anzünden. Sie wolle nämlich nicht, dass die Menschen lediglich aus Sehnsucht nach dem Paradies und aus Angst vor der Hölle keine Schandtaten begehen. Wir Eziden glauben an einen Ort jenseits von Gut und Böse.«

Angeregt von seiner mystischen Aura fiel mir da ein Spruch von Mevlana ein, der – soweit ich mich erinnere – folgendermaßen lautet:

Es gibt einen Ort,
Jenseits von Gut und Böse,
Dort werden wir uns treffen.

Bei den Sufis kommt Ähnliches vor. Ich fragte den Scheich nach heiligen Büchern, ob sie so etwas hätten wie die Thora, die Bibel oder den Koran. Das Mishefa Res, sagte er, die Schwarze Schrift, und Mushafi Celve, das Buch der Offenbarung, doch seien das nicht heilige Bücher, sondern es würden darin lediglich einige Glaubensvorstellungen erläutert. Das eigentliche heilige Buch sei verschwunden und werde daher nur mündlich überliefert, von Vater zu Sohn und von Mutter zu Tochter. Er lächelte. »Die Inhaber des Wortes sind also wir. Schreib das, wo du doch Journalist bist, damit es alle erfahren. Mit dem Kalifen Yazid, der Mohammeds Enkel Hüseyin getötet hat, haben wir nichts zu tun. Unser Gott ist Ezd.«

Ich versprach ihm, das alles zu schreiben, doch hatte ich so meine Zweifel, ob unsere dem Mystischen eher ferne Redaktion sich für ein solches Thema hinreichend interessieren würde, setzte sie doch ansonsten vordringlich auf die Politikerwelt in Ankara und auf am Strand von Bodrum halbnackt posierende Sternchen. Aber das behielt ich natürlich für mich und sagte nur, vermutlich würde ich den Bericht auf der Internetseite der Zeitung veröffentlichen, dort gäbe es mehr Platz und auch mehr Gestaltungsmöglichkeiten.

Es mochte beschämenderweise so aussehen, als ob ich mir als eine Art Gegenleistung nun von ihm etwas erbäte, aber ich erklärte ihm, dass ich auf der Suche nach einer jungen Frau namens Meleknaz sei, die mit ihrem blinden Baby aus Lalisch hierher geflüchtet sei. Natürlich erwartete ich nicht, dass er unter Hundertausenden von Menschen ausgerechnet sie kenne, doch vielleicht konnte er mir irgendwie behilflich sein. Er dachte ein wenig nach, dann sagte er zu einem jungen Eziden im Zelt etwas auf Kurdisch. Der junge Mann verbeugte sich leicht, legte die rechte Hand aufs Herz und sagte *»ser serê min şeyh.«*

Dann wandte der Scheich sich wieder mir zu und sagte: »Das ist mein Sohn Şems, der wird dir helfen, das Mädchen zu finden.«

JENSEITS VON WAHR UND FALSCH

Nun, wie gesagt, das Mystische hatte mich ganz schön gepackt, aber es kam eben auch so viel zusammen, dass mein armes Gehirn sich sagte, das könne nicht alles Zufall sein. Am Tag nach meinem Gespräch mit dem Scheich nahm ich unsere Zeitung zur Hand und sah auf der ersten Seite rechts unten das Foto von Angelina Jolie und darunter den Text, den ich mir aus den Fingern gesogen hatte. Bis dahin war noch alles ganz normal und fern jeder Mystik, doch prangte neben Angelina Jolies Foto auch eins von ihrem Mann Brad Pitt, und zwar eine Nahaufnahme, auf der man nur sein Gesicht und seine Arme sah, und daneben stand: »Auf den Arm hat Brad Pitt sich ein Gedicht von Mevlana tätowieren lassen.« Das war zwar keine neue Meldung, doch wegen Angelina Jolies Besuch war sie wieder aufgewärmt worden. Warum sollte Brad Pitt sich die Zeilen eines türkisch-persischen Dichter aus dem 13. Jahrhundert auf den Oberarm stechen lassen? Das Foto war in New Orleans geschossen worden, er stand in einem weißen T-Shirt auf einem Balkon und hob die Arme, und da sah ich, was tatsächlich auf seinen Bizeps tätowiert war: *There exists a field, beyond all notions of right and wrong. I will meet you there.*

Ich kannte das Bild als größeren Ausschnitt; von dem Hotelbalkon in New Orleans warf Brad Pitt gerade einem anderen bekannten Schauspieler einen Football zu. So viel Zufall konnte es doch gar nicht geben. Die Verse, die ich einen Tag zuvor zu dem Eziden-Scheich gesagt hatte, tauchten auf einmal in New Orleans auf, und noch dazu auf dem Arm des Ehemanns jenen Engels, der die Lager der Eziden besucht hatte. Mir war auf einmal, als tanzten Herbstschmetterlinge und Engel um mich herum. Ich meinte mich zu erinnern, dass es in den Versen um »Gut und Böse« ging, während in jener englischen Version von »Richtig und Falsch« die Rede war.

In meinem Kopf ging alles drunter und drüber: die violetten Tätowierungen an den Unterlippen der Frauen von Mardin und die violette Tätowierung von Brad Pitt, das Gute und Böse bei Mevlana, der Engel Pfau und der aramäische Priester, sie alle flatterten unaufhörlich um mich herum wie lauter Falter, die nicht einmal wissen, warum sie das tun. Mir schien, als sei ich krank, mir tat der Kopf weh, und ich verspürte Übelkeit. Ich fragte mich, was mit mir los war. Zeigten sich die Folgen des vielen Weins, den ich im Hotelzimmer aus einem Wasserglas in mich hineingeschüttet hatte? Oder lag es an dem, was ich von der Frau in dem Zelt gehört hatte? Wahrscheinlich an Letzterem. Im Lager hatten wir Zelt für Zelt abgeklappert und nach Meleknaz gefragt. Obwohl ich vom Sohn des Scheichs begleitet wurde, wollte man zuerst nicht, dass ich herumging und erst recht nicht, dass ich die Zelte betrat und Fragen stellte, doch sobald ich den Namen des Scheichs erwähnte, stand uns plötzlich alles offen. Wie ich später erfuhr, herrscht bei den Eziden ein strenges Kastensystem. Was der Scheich befiehlt, ist Gesetz.

Im fünften oder sechsten Zelt stießen wir schließlich auf eine junge Frau in einer grünen Jacke, die angab, sie kenne eine Meleknaz mit einem blinden Baby. Die Frau hieß Zilan, hatte ein langes, schmales Gesicht und sah aus wie etwa zwanzig, war aber noch jünger. Erst wollte sie nicht reden, doch als der Sohn des Scheichs etwas zu ihr sagte, fing sie an zu erzählen, und da wurde ich krank, im wahrsten Sinne des Wortes krank. Ich ertrug einfach nicht, was sie da berichtete. Geradezu fluchtartig verließ ich das Lager. Draußen packte mich eine Art Schüttelfrost, und ich musste mich sogar übergeben.

Hakan fragte: »Was hast du denn?«

»Nichts«, sagte ich, »fahren wir ins Hotel.«

»Du hast doch was«, setzte er nach.

»Mir tut nur der Kopf weh, und der Magen.« Das war nicht mal gelogen, denn mir pochten die Schläfen, aber es war nur ein Teil der Wahrheit.

Hakan schwieg eine Weile, dann konnte er nicht mehr an sich halten und sagte: »Du, stimmt das eigentlich, beten die wirklich den Teufel an?«

»Nein, Hakan«, erwiderte ich, »der Teufel betet sie an.«

»Was, tatsächlich?«

»Aber nein, das war doch nur ein Scherz, sie beten einen Pfau an.« Ich merkte, dass ihn das kaum weniger verwunderte.

Im Hotelzimmer schenkte ich mir sofort Wein in mein Wasserglas und trank es hastig leer, danach stürzte ich gleich noch ein Glas hinunter. Um den Mond nicht mehr sehen zu müssen, der in der Ferne strahlte wie eine grausam-kühle mesopotamische Göttin, zog ich den Vorhang zu und warf mich aufs Bett.

ZILAN ERZÄHLT: AUCH DAS WASSER VON ZWEI FLÜSSEN KANN DIESEN FLECK NICHT TILGEN

»Ich weiß nicht, was ich sagen, was ich erzählen, wo ich anfangen und wo ich aufhören soll. So Unerzählbares hört der Mensch nicht mit dem Ohr, sondern nur mit dem Herzen. Kein Schmerz ist so wie unser Schmerz, keine Klage furchtbarer als die unsere. Die Not, die wir erleiden, ist so groß wie der Berg Sindschar und lastet uns schwer auf der Brust. So viel Blut haben wir vergossen, dass auch zwei Flüsse diesen Fleck nicht tilgen können, nicht der große Euphrat und auch nicht der mächtige Tigris. Ach, weh uns! Unsere Familie ist erloschen, unser Arm erlahmt. Auf unserem Haus sitzen Eulen und künden vom Untergang der Welt.«

Das sagte eine andere Frau im Zelt, und sie hätte noch weitergesprochen, doch auf ein Zeichen meines Begleiters hin verstummte sie.

Dann begann Zilan zu erzählen, mit gleichgültiger, keinerlei Gefühl verratender Stimme, als erfüllte sie lediglich eine Pflicht. Sie war eine dunkle Frau mit eingefallenen Wangen und zusammengewachsenen Augenbrauen.

»Meleknaz und ich stammen aus dem gleichen Dorf, wir waren beide fünfzehn und gingen gemeinsam zur Schule, manchmal nahmen unsere Eltern uns nach Sindschar mit, dort war es sehr schön, die Welt war sehr schön, und die Menschen auch. Am Fest zum Roten Mittwoch, an dem die Welt erschaffen wurde, färbten wir Eier und amüsierten uns, und Hand in Hand gingen Meleknaz und ich durch die Straßen.

Meleknaz trug ein großes Geheimnis, denn ihr Vater ließ sie unser verlorengegangenes Buch auswendig lernen. Es enthielt das alte Wissen der Eziden, um die der Engel Pfau einen Kreis gezeichnet und sie somit unter den Menschen auserwählt hat. In nur sehr wenigen Familien wird dieses Allerheiligste von Generation zu Generation vermittelt, und zu diesen Inhabern des Wortes gehörte die Familie von Meleknaz.

An jenem Tag überfielen bärtige Männer unser Dorf, versperrten mit ihren Autos die Zufahrtsstraßen, versammelten uns alle auf dem Dorfplatz und trennten uns dort, die Frauen und Kinder auf die eine Seite, die Männer auf die andere. Sie hatten große Waffen, waren alle schwarz gekleidet, und von ihren Autos wehten schwarze Flaggen. Unsere Männer tragen Schnurrbärte, die sie nie abschneiden, aber die Angreifer haben sie ihnen als Erstes abrasiert und dazu gebrüllt: ›Ihr Eziden seid Ungläubige und Feinde des Islams.‹ Als Onkel Haydar sich zu wehren versuchte, haben sie ihre Messer herausgeholt und ihm den Kopf abgeschnitten und ihn in den Staub geworfen. Ich habe Meleknaz die Augen zugehalten, und sie hat so fest meine Hand gedrückt, dass ich schon dachte, sie bricht sie mir. Sie haben an dem Tag noch drei Männer getötet und die anderen auf Lastwagen weggefahren. Mein Vater, mein Onkel, meine Brüder, alle haben sie uns von den Lastwagen aus angeschaut, und wir haben sie nie wiedergesehen.

Dann haben sie auch uns auf Lastwagen verfrachtet und uns in eine andere Stadt gebracht, dort wurden wir in einen Keller gesperrt, ohne Essen, ohne Wasser. Die ganze Fahrt über weinte Meleknaz um ihren Vater und ihre Brüder. Am nächsten Abend sind die bärtigen Männer wiedergekommen und haben die jungen Mädchen mit Gewalt von ihren Müttern und Tanten getrennt. Wir haben gejammert und gefleht, aber die hörten nicht auf uns. Alle Mädchen und Frauen zwischen acht und achtzehn Jahren mussten wieder auf Lastwagen, mit denen sie uns in ein anderes Haus gebracht haben. Meleknaz hat wieder ganz fest meine Hand gedrückt und am ganzen Leib gezittert. In dem Haus haben sie uns wieder in einen Keller gesperrt, und nach einer Weile haben wir zu essen und zu trinken bekommen. Wir haben das Essen angenommen, sonst hätten wir nicht mehr gekonnt. Dann sind wieder bärtige Männer gekommen und haben uns begutachtet. Manche haben uns sogar betatscht, und dann hat jeder irgendein Mädchen mitgenommen, das ihm gefallen hat. Einer hat mir meine achtjährige Schwester aus dem Arm gerissen. Ich habe mich dem Mann zu Füßen geworfen und ihn angefleht, aber er hat mich weggetreten und mich angeschrien: ›Hau ab, du Ungläubige.‹ Meine Schwester hat ständig nach mir gerufen, aber ich konnte nichts tun. Dann haben sie auch mich begrapscht, und wie alle anderen bin ich fortgebracht worden, niemand ist übriggeblieben. Mich hat ein etwa Vierzigjähriger mitgenommen, mit langem Bart, aber rasierter Oberlippe, und mit einer Pistole in der Hand. Er hat mich in ein Haus gebracht, in dem schon vier Frauen und ein kleines Mädchen waren, alle voller Angst. Der Mann hat mich zu einer Frau hingeschubst und gesagt, wasch die mal, aus der mache ich jetzt eine Muslimin. Dazu hat er gelacht.

Die Frau hat mich, ohne ein Wort zu sprechen, gewaschen und abgerieben und mir dann ein sauberes Nachthemd gegeben.

In der Nacht habe ich über mich ergehen lassen, was der Mann mit mir gemacht hat, aber in Gedanken war ich ganz woanders, bei meiner Schwester Nergis, ob sie ihr mit ihren acht Jahren wohl auch etwas antäten. Darüber vergaß ich mein eigenes Leid. Später habe ich erfahren, dass sie mit ihr das Gleiche gemacht haben, und weil sie geweint hat, haben sie sie geschlagen.«

Zilan trug das ohne jede Mimik vor, ohne einmal die Stimmlage zu verändern, ganz ohne erkennbares Gefühl, gerade so, als würde sie den Wetterbericht vorlesen, und das entsetzte mich. Ich stellte mir bildlich vor, was sie da so nüchtern berichtete, und ergänzte gewissermaßen, was sie selbst nicht aussprach. Wie mochte der Mann, der sie missbraucht hatte, wohl ausgesehen haben? Oft wird ja bei solchen Erzählungen der Geruch übergangen, dabei gehört er mit zum Furchtbarsten daran. Wie hatte wohl das Haus dort gerochen, die Haut des über sie herfallenden Körpers, der Mund jenes Mannes … Ach!

»Der Mann hat mich ein paar Tage lang benutzt und mich dann für ein Päckchen Zigaretten an einen anderen verkauft, der hat mich auch benutzt und mich dann weiterverkauft. Es hat geheißen, wenn ich im Bett von zehn Kämpfern gewesen wäre, würde ich Muslimin. Fast ein Jahr lang bin ich von Ort zu Ort gebracht und geschlagen und auf jede mögliche Weise vergewaltigt worden. Als ich schließlich an einen alten Mann verkauft wurde, der etwas barmherziger wirkte als die andern, nahm ich eines Tages meinen ganzen Mut zusammen und sagte: ›Ist das nicht eine Sünde, was ihr da macht?‹

›Nein‹, sagte er, ›so schreibt es unser Kalif vor.‹

›Und tut ihr mit kleinen Mädchen das Gleiche?‹, fragte ich, denn ich dachte natürlich noch immer an Nergis.

Da holte der Mann ein Papier und las mir die Gebote des Kalifen vor. ›Wenn ein Mädchen schon entwickelt ist‹, sagte er, ›darfst du dich mit ihr vereinigen, und wenn es noch nicht entwickelt ist, darfst du dich an ihr vergnügen, ohne dich mit ihr zu vereinigen.‹

O je, dachte ich, Nergis war zwar erst acht, wirkte aber um einiges älter.

Der Mann las weiter: ›Du darfst auch mit zwei Schwestern schlafen, aber nicht zusammen im gleichen Bett, sondern nacheinander; so steht es hier geschrieben.‹

Da flehte ich ihn an: ›Wenn du meine Nergis findest und sie kaufst, werde ich für immer deine Sklavin sein.‹

Ich warf mich ihm zu Füßen, aber der Mann lachte nur. ›Du bist doch sowieso schon meine Sklavin.‹

Da habe ich gesagt: ›Ich werde nicht nur mit meinem Körper deine Sklavin sein, sondern auch mit Herz und Seele, wenn du mir nur meine Schwester bringst, sie ist noch ein Kind und fürchtet sich bestimmt entsetzlich. Ich werde auch Muslimin und bete zu Allah und tue alles, was du willst.‹

Da ließ sich der Mann erweichen und sagte, er werde nachdenken. Ich habe ihn darauf voller Achtung behandelt, habe ihm jeden Abend, wenn er nach Haus kam, die Füße gewaschen, habe seinen Rücken, der ihn oft schmerzte, mit einem Brei eingeschmiert, wie meine Großmutter es mir beigebracht hatte, ja ich zwang mich sogar, ihn anzulächeln, und wenn er mich nahm, versuchte ich nicht zu weinen.

Nach vielleicht zehn Tagen ist der Mann mit einem Mädchen angekommen, das in einen Tschador gehüllt war, und als sie den Schleier vor dem Gesicht abnahm, erkannte ich Nergis. Das heißt, eigentlich erkannte ich sie kaum wieder. Sie hatte sich sehr verändert, und an die Stelle meiner Nergis war eine Fremde getreten, die mich feindselig anstarrte. Ich umarmte sie, aber sie erwiderte meine Umarmung nicht, sondern stand mit herabhängenden Armen einfach da.

›Was hast du, meine Kleine?‹, fragte ich, aber sie antwortete nicht. In ihren Augen las ich dunklen Hass, der auch mir galt. Wenn ein Mensch einen Teil seiner Hoffnung verliert, sieht er traurig aus, doch wenn er alle Hoffnung verliert, wird er so wie Nergis.

Ich weiß das, denn später sah ich das Gleiche bei Meleknaz. Wenn man nicht einmal mehr seiner Schwester und seinen Eltern vertrauen kann, sieht man in jedem Wesen, das einem in Menschengestalt gegenübertritt, nur noch das Ungeheuer, das darin steckt, und nichts anderes mehr. Ich dachte mir, das wird vielleicht vergehen, und küsste und umsorgte sie und redete von unseren Eltern und von früher und nannte sie das Reh vom Berg Sindschar, wie unsere Mutter das immer getan hatte, und ich flocht ihr Zöpfe. Sie aber sagte kein einziges Wort. Am Abend nahm der Mann sie mit in sein Schlafzimmer. Ich spitzte die Ohren, doch außer den Geräuschen, die der Mann von sich gab, hörte ich nichts. Am nächsten Morgen sagte der Mann zu mir: ›Schade um das Geld für deine Schwester, die liegt im Bett wie eine Leiche, von der habe ich nichts, die verkaufe ich wieder.‹

›Dann verkauf uns zusammen‹, flehte ich, ›trenn uns bitte nicht, wir wissen nicht mal, wo unsere Eltern und unsere Brüder sind, lass wenigstens uns zusammen.‹

Der Mann sah mir lange ins Gesicht, dann sagte er: ›Du bist zwar eine Ungläubige, aber ein gutes Mädchen, warte nicht mehr auf deine Verwandten, sie sind längst tot, warte nicht umsonst, die gibt es nicht mehr.‹

Da vergoss ich bittere Tränen und beklagte meine Toten: ›Wo bist du nur, liebe Mutter, und du Vater, du Berglöwe, wo bist du, ist da nicht einmal ein Grabstein, an dem ich mich ausweinen kann?‹

Dem alten Mann wurde das schnell zu viel. ›Mit heulenden Weibern kann ich nichts anfangen‹, sagte er. Sein Verlangen nach mir war ohnehin gestillt, und es kamen stets neue Mädchen, und immer jüngere. So erklärte er sich bereit, Nergis und mich zusammen zu verkaufen, und ließ uns am folgenden Tag auf den Sklavenmarkt in Mossul bringen.«

DER GRAUSAME MONDENSCHEIN

Ich lag in meinem trüben Hotelzimmer und starrte auf den Vorhang, durch den ungerührt der grausame mesopotamische Vollmond schien, und ich dachte an all das, was Zilan mir erzählt hatte, und noch immer sträubten sich mir die Haare. Obwohl Zilan doch keine Träne vergossen und nichts übertrieben, sondern in ihrem monoton gemurmelten Arabisch berichtet hatte, als redete sie übers Kochen oder Stricken. Nein, gerade deshalb ging es mir so, gerade weil sie so schreckliche Dinge erzählte, als wären sie das Natürlichste von der Welt, bekam man zunächst gar nicht richtig mit, was diese schmächtige Frau mit dem ausdruckslosen Gesicht da eigentlich sagte, man ließ sich von ihrer Ruhe und ihrer alles herabdämpfenden Stimme einfangen, und erst danach packte einen das wahre Entsetzen.

Womöglich verhielt sie sich so, um nicht alles von neuem durchleben zu müssen, und wollte die schmutzige Kiste mit den verdrängten Erinnerungen so fest geschlossen wie möglich halten. Und eben darum berichtete sie so gleichgültig, als wären die geschilderten Ereignisse nicht ihr selbst, sondern jemand anderem widerfahren.

Ein junger algerischer Kämpfer aus Frankreich schüttete Zilan eines Nachts sein Herz aus. Gekommen sei er wegen Mädchen wie ihr. Hier finde man schon zu Lebzeiten die Jungfrauen, die einem im Paradies versprochen würden. Man brauche nur ein Dorf zu überfallen und von den Mädchen, deren Brüste klein seien wie Rosinen, so viele mitzunehmen, wie man nur wolle, und noch dazu tue man damit Gutes. »Was sollte es denn Schöneres geben auf der Welt«, sagte der junge Mann zu Zilan, »wer wollte da nicht kommen, es ist wie das Paradies auf Erden.«

Als Zilan ungeschickterweise erzählte, im ezidischen Glauben gebe es weder Paradies noch Hölle, schlug der Mann sie, und zwar so fest, dass ihr das Blut aus der Nase schoss, dann vergewaltigte er sie auf sehr schmerzhafte Weise und schickte sie weiter an einen Kameraden.

Ich war krank, der Magen schnürte mir die Kehle zu, ein paarmal versuchte ich, mich nochmals zu übergeben, aber umsonst, der Kopf wollte mir schier zerspringen, und ich war wütend auf den braunen Vorhang, der das Fenster nicht ganz verdeckte, wütend auf den Mondschein, der dadurch hereindrang, wütend auf meine Ex-Frau, wütend auf meine Zeitung, aber am meisten auf mich selbst, warum hatte ich nur meine Fragen gestellt und darum all das erfahren. Diese Leute waren ihrem Scheich vollkommen ergeben, und ohne seine Anweisung hätte Zilan nicht einmal den Mund aufgemacht, hätte nichts erzählt und mich genauso schweigend angesehen wie die anderen Frauen. Auf Befehl des Scheichs hin hat sie gesprochen, doch habe ich recht daran getan, diese furchtbaren Erinnerungen wieder aufzuwühlen?

Als ich mich in jener Nacht im Bett wälzte, versuchte ich, mir immer wieder Zilan vorzustellen, Nergis, Meleknaz, ihr blindes Baby. Unsere Spezies hat nicht das Recht, auf dieser Erde zu leben und sowohl einander als auch die Welt zu vernichten. Es ist doch nicht zu verleugnen, dachte ich, dass in jedem von uns ein furchtbares Ungeheuer lebt. Gehörten Zilan, Nergis, Meleknaz und Tausende von anderen nicht zur Gattung Homo sapiens, sondern wären Tiere, so hätten sie nichts von all diesen Schrecken erlebt. Dass wir uns den Tieren und den Pflanzen überlegen fühlten, war doch nichts als Einbildung, dachte ich, und der Begriff Menschlichkeit, um den wir so ein Gewese machten, war in Wirklichkeit eine Beleidigung.

Was tat eigentlich der Gott so vieler Religionen, während all das geschah, fragte ich mich und hatte die Antwort auch gleich parat. Er ruhte sich wohl aus, denn es musste der siebte Tag sein; in sechs Tagen hatte er die Welt erschaffen, und nun, am siebten Tag, hatte er sich zum Ruhen zurückgezogen. Und darum vermutlich die Schreie nicht gehört.

Ich verspürte eine innere Unruhe, nicht die gleiche wie in Istanbul, aber doch eine Unruhe. Man meint immer, es sei umgekehrt, doch eigentlich ist Unruhe der normale Zustand im Leben, und innerer Friede nur etwas sehr Seltenes, Vergängliches.

Zilan hatte mir weiter erzählt, wie sie auf dem Sklavenmarkt von Mossul in ein stinkendes altes Gebäude gesperrt worden war, in dem auf verschiedene Räume verteilt junge Mädchen, Frauen und Jungen vor sich hin darbten. Neuankömmlinge wurden in Preiskategorien eingeteilt; zur ersten, also teuersten Klasse gehörten sehr junge und schöne Jungfrauen von heller Haut, die in eigenen Räumen untergebracht waren. Die zweite Kategorie bestand aus unberührten Jungen und Mädchen, Kindern noch.

Die Kinder starrten verwundert und hatten keine Ahnung,

was ihnen blühte. Wer nach seiner Mutter rief, wurde geschlagen. Die dritte Kategorie bestand aus »gebrauchten«, schwangeren und älteren Frauen. Zu ihnen wurde auch Zilan gezählt, und indem sie Nergis als »gebraucht« auswies, schaffte sie es, mit ihr zusammenzubleiben.

Drei Tage lang verharrten sie in einem vor Dreck starrenden Raum, mit gerade genug Nahrung, um nicht zu verhungern und zu verdursten, und hin und wieder kamen Männer herein, beschauten und betasteten sie, ließen sie hauchen, ob sie nicht Mundgeruch hatten, und versuchten, aus dem Zustand ihrer Brüste darauf zu schließen, wie »gebraucht« sie schon waren. Die Männer, die die Frauen zu verkaufen hatten, duldeten nicht, wenn sie das Gesicht verzogen oder weinten. Sie hatten die Kunden anzulächeln, andernfalls wurden sie geschlagen. Nergis musste viele Prügel einstecken, denn sie sagte kein Wort, lächelte nicht und ließ auch nicht von ihren hasserfüllten Blicken ab. Obwohl Mädchen in ihrem Alter gefragt waren, bemühte sich kaum ein Kunde um sie, und wenn doch, dann schreckte sie ihn mit ihren Blicken rasch ab. Zilan wiederum gehörte zur Kategorie der »sehr gebrauchten« Frauen.

So fanden sich angesichts der ständig ankommenden hübschen Jungfrauen keine Käufer für die beiden. Am dritten Tag wurden wieder ein paar Frauen in den Raum geführt, von denen eine hochschwanger war und sich unter ihrem schwarzen Tschador kaum mehr rühren konnte. Zilan dachte, die Arme werde bestimmt dort gebären. Als die Frauen ihre Schleier abnahmen, sah Zilan zu ihrer Überraschung, dass die Schwangere Meleknaz war, und sie stürzte sich auf sie und umarmte sie. Unter den gleichgültigen Blicken von Nergis und den anderen Frauen standen die beiden weinend da, bis die Sklavenhändler wiederkamen.

War es wirklich so? So musste es doch gewesen sein, oder dachte ich mir da manches nur hinzu? Von Gefühlen war bei Zilan keine Rede gewesen, sie hatte kein Weinen erwähnt, sondern nur in ihrer üblichen Tonlage berichtet, die schwangere Frau sei Meleknaz gewesen, und sie habe stark gealtert ausgesehen. Vielleicht ging der Begriff »jenseits allen Schmerzes« einfach über meine Vorstellungskraft hinaus, und darum dichtete ich andauernd solche Szenen hinzu. Falls zwei vom Schicksal auseinandergerissene junge Frauen bei ihrem ersten Wiedersehen nach so vieler Pein sich tatsächlich unter eisigen Blicken nur stumm gegenüberstanden, so wären doch alle Begriffe, die wir vom Menschsein haben, in ihr Gegenteil verkehrt, aber wer weiß, vielleicht war genau das geschehen.

Ein paar Tage später war ein staatlicher, graubärtiger Mann gekommen, hatte sich erkundigt, wie die Mädchen hießen, woher sie stammten, und sich schließlich für Zilan interessiert. »Was kostet die? Sie ist es bestimmt nicht wert, aber was soll's, ich nehm sie mal mit.«

Als der Verkäufer 20 Dollar verlangte, murrte der alte Mann: »Was, die ist doch längst hinüber, was soll ich für die 20 Dollar ausgeben, da kriege ich doch eine ganz junge dafür.«

Als wollte er dem Mann recht geben, sagte der Verkäufer: »Die hat aber noch eine Schwester, schau mal, ein ganz junges Ding, zwar nicht unberührt, aber für 25 Dollar gebe ich dir gleich die zwei.«

Der Mann besah sich Nergis, ohne sie aber zu berühren, dann verzog er die Miene: »Nein, zu teuer.«

Der Verkäufer wand sich, da ergriff Zilan das Wort. Sie deutete auf Meleknaz: »Da wäre noch die da, nehmen Sie uns doch alle drei.«

Das leuchtete auch dem Verkäufer ein, und hoffnungsfroh sah er den alten Mann an.

»Was soll ich denn mit einer Schwangeren? Die sind doch alle schon durch wer weiß wie viele Hände gegangen, lebende Leichen sind das, und eine Entbindung soll ich mir auch noch aufhalsen?«

Normalerweise hätte Zilan nicht zu reden gewagt, doch da ihre Worte dem Verkäufer zupass kamen, mischte sie sich noch mal ein. »Um den Preis von einer bekommen Sie vier«, sagte sie.

»Wieso vier, drei!«

Da deutete Zilan auf den Bauch von Meleknaz und sagte: »Wenn das auf der Welt ist, bringt es auch etwas ein.«

Der Verkäufer und der alte Mann gingen hinaus und verhandelten dort weiter; zwar bekam Zilan nicht mit, was genau sie besprachen, doch schienen sie zu streiten. Nach einer Weile kam der Verkäufer zurück: »Los, raus mit euch, ihr seid verkauft.«

Und Zilan, Meleknaz und Nergis traten ans Tageslicht.

Draußen wartete der alte Mann mit einem grünen Lieferwagen, auf dessen Ladefläche sie steigen mussten, dann fuhren sie los. Durch den Schlitz in ihrem Schleier sah Zilan lauter Männer auf der Straße. Vor einem Laden hielt der alte Mann, ging wortlos hinein und kam mit ein paar vollen Tüten wieder heraus. Er hielt den Mädchen eine Flasche Wasser hin, dann fuhr er weiter. Stundenlang ging es auf staubigen Landstraßen dahin, ein paarmal wurden sie angehalten und der alte Mann zeigte jeweils seinen Ausweis vor.

Bis zum Abend rumpelte der Lieferwagen dahin, und als die Sonne unterging, hielten sie am Fuß eines Hügels. »Steigt ab«, sagte der alte Mann, und sie halfen Meleknaz von der Ladefläche. Bis dahin hatte der Mann arabisch gesprochen, nun sagte er plötzlich auf Kurdisch zu ihnen: »Kommt, sprechen wir zur untergehenden Sonne unser Gebet an den Engel Pfau.« Und so sprachen sie drei Mal ihr Gebet, der Mann vorne, die Mädchen hinter ihm. »Habt keine Angst«, sagte der Mann, »ich habe euch nicht gekauft, um euch etwas anzutun, sondern um euch zu retten. Ich bin selbst Ezide, aber jedermann hält mich für einen arabischen Muslim, denn dafür gebe ich mich bei denen aus. Hinter dem Hügel ist unser heiliger Berg Sindschar, wenn ihr es über den schafft, kommt ihr nach Rojava und von dort an die türkische Grenze. Das wird schwer, doch wenn ihr es über die Ebene versucht, werden sie euch sofort festnehmen. Eure einzige Chance ist dieser Berg. Hier habt ihr so viel Essen, wie ihr tragen könnt. Der Engel Pfau möge euch beistehen und Scheich Adiy bin Musafir euch schützen.«

Der Mann stieg in den Lieferwagen und fuhr weg. Es war kein Laut mehr zu hören, nicht einmal das Plätschern des Baches. Wortlos öffneten die drei Mädchen die Tüten, sättigten sich mit Brot, Käse und Wurst, füllten am Bach die Wasserflasche und legten sich schlafen.

»Ihr habt überhaupt nicht geredet?«, fragte ich Zilan.

»Nein, überhaupt nicht.«

»Nicht ein einziges Wort?«

»Nein.«

»Wart ihr denn nicht überrascht?«

»Nein.«

»Habt ihr euch nicht gefürchtet?«

»Ich schon, bei den anderen weiß ich es nicht. Mehr als um mich selbst habe ich um Nergis Angst gehabt, und um Meleknaz, die jeden Augenblick gebären konnte. Wie sollte sie mit dieser Last über den Berg kommen?«

DER BERG

»›O großer Berg Sindschar, du Zufluchtsort der Eziden, du Retter, du Wunder Adiy bin Musafirs, wir sind zu dir gekommen, haben uns dir anvertraut, beschütze uns, beschütze Nergis, beschütze das Kind in Meleknaz' Bauch, nimm uns unter deine schattigen Fittiche‹; so habe ich gebetet, doch an dem Berg war kein Schatten, war kein Baum, war kein Wasser. Je höher wir kamen, umso sandiger wurden wir und versuchten, uns mit unseren Schleiern vor dem Staub zu schützen, und unsere schwarzen Tschadors waren bald ganz weiß, und wir bekamen kaum Luft. Unsere heilige Sonne sandte glühende Kohle auf uns herab, als wollte sie uns verbrennen. Wir hakten uns zu beiden Seiten bei Meleknaz unter und brachten sie voller Mühsal voran. Auf dem Berg waren noch weitere Eziden unterwegs, doch keiner hatte für den anderen ein Auge. Auf der Suche nach Schatten schmiegten wir uns an Felsen, und hinter einem solchen Felsen sahen wir ein totes Kind liegen, das wohl verdurstet war. Seine Familie war weitergezogen, und das Kind lag da, die aufgesprungenen Lippen gen Himmel gereckt. Wir legten uns dazu, denn es war dort schattig.

Meleknaz bewegte sich immer schwerfälliger, und ich fürchtete, sie würde es nicht über den Berg schaffen, doch schweißgebadet kämpfte sie sich voran, krallte sich an Felsen fest, hielt nach Luft ringend die Hand an den schmerzenden Bauch und kletterte weiter. Nur schluckweise tranken wir unser Wasser, tagsüber schliefen wir und nachts marschierten wir. Manchmal hörten wir ein Schießen, wie Kanonen oder Bomben, und aus lauter Angst, man könnte hinter uns her sein, kauerten wir uns in Felshöhlen. Aus einem Tal stank es uns entsetzlich entgegen, dort verwesten Menschen. Es waren ezidische Familien, Junge und Alte, im Tod umschlungen. Wir vermuteten, sie seien verhungert, und beteten für sie. Von aller Kraft verlassen, legten wir uns neben ihnen nieder.

Der Mond schien auf die Felsen. In jener Nacht bekam Meleknaz starke Wehen, die Fruchtblase platzte, ich legte sie hinter einen Felsen, sie schrie nicht, sondern wimmerte nur, weil niemand uns hören sollte, zwei Stunden lang krümmte sie sich, dann kam das Baby zum Vorschein, ich erinnerte mich, was ich bei den Frauen des Dorfes mit angesehen hatte, und half Meleknaz, so gut ich konnte, ich wurde ihrem Kind zur Hebamme, die Nabelschnur zertrennte ich mit einem Stein, dann riss ich aus meinem Tschador einen Fetzen heraus und wickelte damit das Kind, ich wischte Meleknaz sauber und sagte: ›Meleknaz, gratuliere, du hast ein Mädchen geboren, der Engel Pfau und die sieben Engel mögen es beschützen; inmitten all der Leichen ist ein Kind geboren, ein neues Leben.‹

Da fing sie an zu weinen. Ich hielt ihr das Baby hin, wollte es ihr in die Arme legen, aber sie sah es nicht an, wandte den Kopf zur anderen Seite und vollführte eine Geste, als sollte ich das Baby wegschaffen. Nergis war ohnehin wie in einer anderen Welt und kümmerte sich gar nicht um das Baby, sie starrte nur auf die Toten, auf ihre im Mondenschein maskenhaft steifen Gesichter, und sie wiegte sich vor und zurück, ohne einen Ton von sich zu geben.

Das Baby weinte natürlich, ich nahm es auf den Arm und wiegte es; in der Gegend waren gefährliche Männer, und ich hatte Angst, sie würden uns hören, aber das Kind schrie immer weiter. ›Meleknaz‹, habe ich da gesagt, ›wenn du dem Baby nicht die Brust gibst, hört es mit dem Schreien nicht auf, also tu es bitte, sonst bringst du uns alle in Gefahr.‹

Daraufhin hat sie das Baby angelegt, zuerst kam keine Milch, aber das Baby hat gesaugt und gesaugt, und schließlich ist die Milch gekommen, und als das Baby sich sattgetrunken hatte, nahm ich es wieder an mich und wiegte es in den Schlaf, und wir haben auch ein wenig geschlafen, hungrig und durstig, wie wir waren.

So verging dieser Tag, und am Abend sind wir wieder losgezogen, ich trug das Baby, und wenn es weinte, gab ich es Meleknaz, die stillte es wortlos, schaute ihm aber dabei nicht ins Gesicht. Und dann ist das passiert, was wir überhaupt nicht erwartet hatten.«

Zilan verstummte und wurde ganz bleich. Als ich sie zum Weiterreden ermunterte, bat sie mich, das verschweigen zu dürfen, ich aber sagte: »Bitte, sprich weiter«, da sah ich in ihren Augen den Hass auf den grausamen Menschen, der sie zwang, davon zu reden.

»Als ich eines Abends wach wurde, lag Nergis nicht neben mir. Ich suchte und suchte nach ihr, und da sah ich, dass sie sich in einen Abgrund hinabgestürzt hatte. Ich kletterte und rutschte zu ihr hinunter, schlug mir den ganzen Körper wund, und als ich sie erreichte, lebte sie noch, aber sie hatte sich Arme und Beine gebrochen; ich bettete ihren blutüberströmten Kopf in meinen Schoß. Sie schlug die Augen auf, und zum ersten Mal, seit wir uns wiedergesehen hatten, sprach sie zu mir. ›Ich war ein Mensch‹, sagte sie, und das waren auch schon ihre letzten Worte. Ich wollte ihren kleinen Körper beerdigen und hätte ihr mit bloßen Fingernägeln ein Grab geschaufelt, doch da war überall nur Fels, so konnte ich sie lediglich mit Steinen bedecken. Dann wandte ich mich der Sonne zu, sprach unsere Gebete und empfahl meine Nergis der Barmherzigkeit des Engels Pfau, dann kletterte ich wieder hoch zu Meleknaz und erzählte ihr alles. Wir überließen Nergis dem heiligen Berg Sindschar und zogen weiter.

Meleknaz nahm das Baby nur zum Stillen an sich und gab es mir gleich wieder zurück. Wir litten Hunger und Durst, waren erschöpft, ich konnte das Baby kaum mehr tragen, und Meleknaz wollte das Kind überhaupt nicht. Einmal ließ sie es an einem Felsen zurück, doch nachdem wir etwa eine Stunde marschiert waren, wurde sie doch von der Reue gepackt und kehrte um, und während wir uns an jenem Felsen ausruhten, stillte sie das Baby wieder. Seit Tagen lutschten wir gleich Wiederkäuern nur an trockenen, bitteren Halmen, da sagte Meleknaz auf einmal zu mir: ›Komm her‹, dann hielt sie mir ihre linke Brust an den Mund und stillte mich. Die Milch war lauwarm, sehr süß, es war Muttermilch, und so war Meleknaz zu meiner Mutter geworden und ernährte mich. Die Milch war für mich wie das Wasser des Lebens. Dann sagte Meleknaz, ich solle die Hände zusammenhalten, und aus ihrer rechten Brust drückte sie dann Milch heraus und trank sie aus meinen Handflächen, und diese Milch erhielt uns am Leben.

›Meleknaz, wir müssen diesem Baby einen Namen geben‹, sagte ich dann, ›ein ezidisches Kind darf nicht namenlos bleiben, das wäre eine Sünde, also, wie soll es heißen?‹

›Ich weiß nicht‹, sagte sie, ›das kümmert mich nicht.‹

Ich sagte: ›Egal, wer sein Vater ist, das Kind kann nichts dafür, es ist ein unschuldiges Lebewesen.‹

So oft, wie sie vergewaltigt worden war, konnte sie natürlich nicht mehr wissen, wer der Vater überhaupt war.

›Dieses Mädchen ist ein Geschenk des Engels Pfau an dich‹, sagte ich, ›schau, mit seiner Milch hat es uns beiden das Leben gerettet, sollen wir es nicht einfach Nergis nennen?‹

›Gut‹, erwiderte sie, ›nennen wir es Nergis.‹

So benannten wir die am Sindschar Geborene nach der, die wir am Sindschar verloren hatten. Am folgenden Tag bemerkte ich, dass das Mädchen blind war. Seine Augen waren wie von einem weißen Häutchen überzogen und konnten anscheinend gar nichts sehen. Ein Arzt im Lager sagte später, das könne von irgendeiner Erkrankung während der Schwangerschaft herrühren. Meleknaz wollte das Kind nicht, doch je öfter sie es stillte, umso mehr gewöhnte sie sich an die Kreatur, die ihr wohl auch leidtat, weil sie blind war. Als wir schier nicht mehr weiterkonnten, kamen auf einmal hinter einem Hügel hervor Bewaffnete auf uns zu. Sie waren zu dritt, mit geschulterten Gewehren, und als sie näherkamen, merkten wir, dass es drei Frauen waren, höchstens siebzehn, achtzehn Jahre alt, von dunklem Typus, sehr zäh wirkend. Sie fragten uns, wer wir seien, und als sie erfuhren, dass wir Eziden waren, halfen sie uns, gaben uns zu essen und zu trinken, dann marschierten sie in die Richtung, aus der wir gekommen waren.

›Wir werden die Leute töten, die euch das angetan haben‹, sagten sie. Aus der Gegend waren Schüsse zu hören. Der Abstieg fiel uns leichter, noch dazu hatten wir nun Brot, Wasser und Milch. Unten in Rojava wurden wir in Empfang genommen und in ein Dorf gebracht, wir konnten uns waschen und uns sattessen, und über die Stadt Quamischli schaffte man uns in die Türkei, dort wurden wir in einem Lager untergebracht und behandelt. So, das ist alles.«

DIESE WELT IST EIN FENSTER, UND JEDER SCHAUT NUR KURZ HINEIN

Als ich am folgenden Tag in Mardin an einem Laden vorbeikam, klang daraus Musik an mein Ohr. Drinnen saß ein Handwerker an einer Filigranarbeit und sang dazu ein altes Lied. Die Melodie kannte ich, doch zum ersten Mal achtete ich auch auf den Text:

»*Diese Welt ist ein Fenster, / und jeder schaut nur kurz hinein*«, sang der Mann mit rauer Stimme.

»Genau«, dachte ich, »völlig richtig.« Ich habe keinen besonderen Hang zur Philosophie und erst recht nicht zu der Art von Kaffeehausphilosophie, deren Sprüche immer daherkommen, als wollten sie einem das ganze Leben erklären. Und gerade damals war ich gegen dergleichen ganz besonders allergisch, gegen die Philosophen aus sämtlichen Zeiten, gegen alle Dichter, alle Propheten, alle Heiligen. Wozu waren all die Bücher geschrieben worden, wozu die vielen Konferenzen und Versammlungen, was sollten all die Politiker, die sich für weiß Gott was hielten, die Journalisten wie ich, die ganzen Klugscheißer, die im Fernsehen so ernst daherredeten, als würden sie gerade die Welt retten; wozu die vielen Universitäten, wozu die Leute, die immer nur »ich, ich, ich« sagten; wenn man sie alle zusammennahm, füllten sie nicht einmal einen Feigenkern. Vor allem die Reichen, die Immobilien- und Yachtanbeter, die ihren Luxus zur Schau stellen, die sollte man zusammen mit ihren Glitzeruhren, ihren Brillis und ihren Limousinen begraben, damit sie die unbedingt auch im Tod noch hatten. Die Liedzeilen gingen mir nicht aus dem Sinn: *Diese Welt ist ein Fenster, / und jeder schaut nur kurz hinein.* »Wenn das nicht Philosophie ist, was dann?«, fragte ich mich; was könnten dicke Schwarten, eine Fülle von Universitäten, ehrwürdige Philosophieprofessoren und angebliche Existenzhinterfrager mehr ausdrücken als diese beiden Zeilen? Und erst die sogenannten Glaubensgelehrten! All die Religionshändler, was produzierten sie schon anderes als einen endlosen Schwall? Was sie wortreich von sich gaben, ließe sich in zwei kleinen Versen zusammenfassen, aus einem Lied vom Schwarzen Meer: *Das Diesseits ist höchst fehlerhaft, / das Jenseits mehr als zweifelhaft.*

Seit ich mit Zilan gesprochen habe, erscheint mir alles so sinnlos. Ich tue etwas, gehe, rede, esse, mache also weiter wie bisher, aber irgendwie fühle ich mich leer dabei. Als wäre da in mir drinnen ein tiefes, großes Loch.

Um die Leere zu füllen, schreibe ich diese Zeilen nieder, vielleicht wird ja ein Buch daraus, doch ehrlich gesagt weiß ich nicht, wozu. Ob ich das Buch nun schreibe oder nicht, was macht das für einen Unterschied? Und ob die Leute es dann lesen oder nicht? Das ist so etwa mein Zustand seit dem Gespräch mit Zilan, ich denke oft an Nergis, die am Berg Sindschar unter Steinen ruht, und dann ist mir, als hätte ich in meinem Leben jetzt nur noch ein einziges Ziel, nämlich jene Meleknaz zu finden und mit ihr zu sprechen. Als könnte nur sie mir wieder Sinn verleihen. Und je mehr ich schreibe, umso stärker wird mir auch klar, warum ich das tue: Nicht um der Welt etwas mitzuteilen, nicht um die Menschen aufzurütteln, das kann Angelina Jolie nämlich tausenmal besser. Ich schreibe vielmehr, um mich selbst zu therapieren, um wieder die Kraft zu schöpfen, die ich für ein Leben unter den Wesen, die sich Menschen nennen, so dringend brauche. Zumindest kommt mir das so vor. Ich schreibe also, um mich von der *Harese* zu befreien, die die Menschen in ihren Klauen hat und ihnen gleich der Wüstendistel den Mund bluten lässt, und manchmal ertappe ich mich bei den Worten: »Ich war ein Mensch!«

Die engen Gassen von Mardin mit ihren Steinhäusern und die im Staub der Zeit versinkenden Atmosphäre, all das lähmt mich und lässt mich nur noch trübseliger werden. Ich möchte weg aus dieser Stadt, in der die Zeit rückwärts fließt, möchte zurück ins 21. Jahrhundert, doch bevor ich gehe, muss ich noch zweierlei tun: zum einen Hüseyins Geschichte ganz und gar erfahren und zum anderen Meleknaz aufspüren.

Ersteres dürfte leicht sein, Zweiteres dagegen sehr schwer. Die Leute im Lager, mit denen ich gesprochen habe, wussten ja auch nicht, wo sie war, sie äußerten sich immer lobend über Hüseyin, was für ein gutherziger, hilfsbereiter Mensch er gewesen sei und dass sie tagelang um ihn getrauert hätten, doch mehr, als dass er sich in Meleknaz verliebt und sie mit Genehmigung der Behörden aus dem Lager geholt hatte, um sie zu heiraten, wussten sie auch nicht. Bei ihrem Abschied aus dem Lager sei Meleknaz Zilan um den Hals gefallen und habe ihr geschworen, sobald sie ein Heim gegründet habe, werde sie sie nachholen und sie würden zusammenleben, dann habe sie ihr blindes Baby auf den Arm genommen und sei gegangen. Mehr war nicht zu erfahren.

Ich zermarterte mir das Gehirn, wie ich die Frau wohl finden konnte, und schließlich dachte ich, allerhöchstens könne mir Aysel weiterhelfen, und so klopfte ich am nächsten Tag an die blaue Tür des Trauerhauses, die vor lauter Blattsalat kaum mehr zu sehen war.

Wie heißt es so schön, der Blinde wollte ein Auge und Gott hat ihm zwei gegeben; ich hatte jedenfalls Glück an jenem Tag, denn ich traf nicht nur Aysel an, sondern auch ihren Bruder Salim, der am Tag darauf wieder zurück in die USA reisen sollte. Die beiden tranken gerade ihren Morgenkaffee aus edlen Tassen mit silbernen Haltern, und ich gesellte mich zu ihnen. Es herrschte trauriges Schweigen. Aysel hatte ihre hüftlangen Zöpfe abgeschnitten und in Hüseyins Grab geworfen, nun trug sie ein schwarzes Kopftuch.

Ich sagte: »Aysel, ich reise auch in zwei Tagen wieder aus Mardin ab, aber zuvor möchte ich erfahren, was mit Hüseyin genau geschehen ist. Ich muss alles wissen, damit ich in dem Text, den ich schreiben werde, sein Andenken hochhalten kann. Zwar möchte ich euch in eurer Trauer nicht stören, aber erzähl mir bitte trotzdem, was passiert ist, nachdem Hüseyin die Frau im Kloster gefunden hat.«

Aysels Bruder Salim, der um einiges älter war als wir, sodass ich mich von früher nur vage an ihn erinnern konnte, hörte uns mit düsterer Miene zu und sog an seiner Zigarette.

Aysel sagte: »Du hast doch den grünen Opel draußen gesehen, von dem schon die Stoßstange abgefallen ist, der hat Hüseyin gehört. Damit wollte er die Frau aus dem Kloster direkt zu uns holen. Sie hat sich anscheinend gesträubt, und er hat ihr versprochen, dass bei uns im Haus kein Blättchen Salat mehr ist, was auch immer er sich dabei gedacht hat, jedenfalls hat die Frau, kaum waren sie da, sogleich gesehen, dass die ganze Tür voller Salat hing, da hat sie sofort die Augen zugemacht und sich weggedreht, und hat sich strikt geweigert, aus dem Auto auszusteigen. Unserer Mutter war ja das mit dem Salat nicht genug gewesen, sie hatte auch die ganze Haustür blau streichen lassen und laut im Koran gelesen, um den Teufel von uns fernzuhalten. Voller Angst wollte sie alles daran setzen, das Unheil, das sie witterte, abzuwehren. ›Seht ihr, wie recht ich gehabt habe‹, sagte sie weinend, ›dieses Teufelsmädchen hat meinen Prachtjungen von Sohn verdorben.‹

Sie verließ kaum noch ihr Zimmer und verlegte sich ganz aufs Beten. Da Hüseyin die Frau nicht zu uns bringen konnte, kam er eines Tages allein. Ich öffnete ihm die Tür und bat ihn herein, aber unsere Mutter schrie: ›Lass ihn ja nicht rein!‹

Mein Bruder war ganz verdattert, denn das mit der Frau leuchtete ihm noch ein, doch dass ihm die eigene Mutter die Tür wies … ›Mutter, du willst mich nicht in mein Vaterhaus lassen?‹

Darauf rief unsere Mutter: ›Du bist mein Augenstern, Junge, doch wenn du mit dem Mädchen gesprochen und oder sie berührt hast, musst du erst eine Waschung vornehmen, sonst kommst du hier nicht herein.‹

Hüseyin versuchte sie zu überzeugen, dass die Frau unschuldig sei und überhaupt nicht den Teufel anbete, doch mit unserer Mutter war nicht zu reden. ›Ich bin deine Mutter, also tust du, was ich dir sage. Mit diesen Händen habe ich deine Windeln ausgewaschen, unter meinen Fingernägeln steckt noch Kacke von dir, also bist du mir noch etwas schuldig.‹

Mein Bruder war ganz verzweifelt, er liebte ja unsere Mutter am meisten von uns, er tat einen so tiefen Seufzer, dass sich mir innerlich alles zusammenzog. ›Dann gib mir wenigstens das Baby‹, sagte er, ›damit ich es zu seiner Mutter bringen kann.‹

Das arme Kind schlief, ich hatte mich schon sehr an es gewöhnt, und es tat mir so leid. Ich nahm es auf den Arm und trug es zur Tür, und bevor mein Bruder es ins Auto brachte, fragte ich noch, wie es denn heiße.

›Nergis‹, sagte er.

›Was für ein schöner Name für das arme Würmchen‹, sagte ich, doch unsere Mutter schimpfte nur. Dann sah ich noch, wie Hüseyin das Baby der jungen Frau übergab, die im Auto saß, und wie sie rasch davonfuhren. Meine Mutter ließ sich nichts anmerken, aber ich fürchtete sehr, mein Bruder würde gar nicht mehr kommen. Na ja, am Abend kam er doch und sagte: ›Keine Sorge, Mutter, sie ist nicht dabei, und ich habe mich am Moscheebrunnen gewaschen, genügt dir das?‹

›Das genügt mir‹, antwortete sie und umarmte und küsste Hüseyin, ›Gott möge dir das vergelten, du warst mir immer ein guter Junge, nicht wie die beiden anderen, die ans andere Ende der Welt gezogen sind‹; und sie streichelte ihm zärtlich über die Haare. Beim Abendessen war sie fröhlich, denn sie stellte meinem Bruder keine weiteren Fragen, sondern wiegte sich lieber in der Illusion, er habe sich besonnen und die Frau wieder ins Lager gebracht, ja sie schmiedete sogar Pläne, wie er sich wieder mit Safiye versöhnen könne. ›Als junger Mensch spielt man manchmal verrückt‹, sagte sie, ›mein Sohn ist vom Teufel heimgesucht worden, aber Gott sei Dank hat er auf den rechten Weg zurückgefunden.‹

Dass es sich ganz anders verhielt, erzählte mir mein Bruder, als meine Mutter schon im Bett war.

Er hatte in Istanbul vom Wehrdienst her einen Freund, den rief er an und erklärte ihm die Sache und bat ihn, die junge Frau und das Baby eine Weile bei sich aufzunehmen, bis er selber nachkommen könne, und als der Freund ohne weiteres zusagte, steckte Hüseyin die beiden ins nächste Flugzeug. ›Ich kann ohne sie nicht leben‹, sagte er zu mir, ›und ich verzichte nicht auf sie, nur weil Mama sich so aufführt, tut mir leid.‹

Er schien von der Frau wie besessen zu sein, und da merkte ich, dass wir ihn verloren hatten, und fing an zu weinen, aber dass es so schlimm ausgehen würde, ahnte ich nicht.

Er blieb noch zwei Tage bei uns, weil er noch einiges zu erledigen hatte, was genau, weiß ich auch nicht, aber er sagte, er habe Schulden, ich glaube, er hat für die Flüchtlinge Geld gesammelt und sich so verschuldet, denn für sich selber hat er ja nie was ausgegeben, du hast ja gesehen, was er für eine Schrottkarre hatte. Wahrscheinlich hat er sich von seinen Freunden verabschiedet, genau weiß ich es auch nicht, er ist morgens aus dem Haus und erst abends wiedergekommen, aber am dritten Abend eben nicht mehr. Erst dachten wir uns nichts weiter dabei, denn manchmal übernachtete er bei Freunden, aber das war es diesmal nicht.

Spätabends klingelte es an der Tür, und draußen stand ein Polizist, den wir kannten, der sagte: ›Aysel, dein Bruder musste mal kurz ins Krankenhaus, am besten ihr fahrt hin.‹

Meine Mutter schrie: ›Oh Gott‹, raffte ein Kopftuch an sich und schoss noch vor mir aus der Tür. Unterwegs fragten wir den Polizisten, was denn genau passiert sei, aber er antwortete uns nur ausweichend. Im Krankenhaus erfuhren wir, dass Hüseyin gerade operiert wurde, und dann erzählten sie uns alles. Hüseyin war auf dem Heimweg gerade an der Moschee vorbeigekommen, als auf einmal einer auf ihn zusprang, ›Allahu akbar‹ rief und auf meinen Bruder schoss, sogar noch, als der schon auf dem Boden lag. ›So geht es allen, die Gott mit dem Teufel betrügen wollen‹, schrie der Kerl und rannte weg.

Leute hörten die Schüsse, eilten herbei und brachten meinen Bruder, der in seinem Blut lag, in die Notaufnahme des Krankenhauses. Drei Stunden lang wurde er operiert, und in diesen drei Stunden gingen wir durch die Hölle. Dann kam ein grüngekleideter Arzt heraus und sagte: ›Ich kann Ihnen gratulieren, er ist zwar von zwei Kugeln getroffen worden, aber die Vitalfunktionen wurden nicht beeinträchtigt, er kommt jetzt auf die Intensivstation und morgen in ein normales Zimmer.‹

Meine Mutter und ich vergossen Freudentränen, ich sagte: ›Gott mögen Ihnen das vergelten‹, und wollte dem Arzt die Hand küssen, doch das ließ er nicht zu. Es war ein guter Mann, der uns über alles informierte und uns beruhigte, und durch eine Glasscheibe durften wir meinen Bruder schließlich sogar sehen. Käseweiß lag er da, ohne Bewusstsein, mit Schläuchen in der Nase und an den Armen. Eine Kugel war ihm in die Schulter gedrungen, die andere in den linken Arm. Es waren auch Polizisten im Krankenhaus, die sagten, dahinter steckten IS-Leute aus Mardin, weil mein Bruder eine Jesidin heiraten wollte, und noch dazu eine, die sich weigerte, sich zum Islam zu bekehren. Solche Frauen kämen für die nur als Sklavinnen in Frage. Der Angreifer sei gefasst worden, er heiße Idris und stamme aus einem Dorf bei Mardin. Traurig sei er nicht über seine Tat, sondern darüber, dass Hüseyin nicht ›krepiert‹ sei. Er habe zu Protokoll gegeben, was Hüseyin getan hätte, wäre eine Beleidigung des Islams und müsste deshalb bestraft werden. Die einzige Strafe für Feinde Gottes wäre der Tod. Was er nicht vollendet hätte, würden andere Krieger schon hinkriegen, denn niemand könnte sie aufhalten, ihr Kalifat wäre das Racheschwert Gottes, habe er geschrien und dabei wütend an sein Zellengitter geschlagen.

Als unsere Mutter das hörte, heulte sie erst so richtig los. ›Wir sind eine muslimische Familie‹, sagte sie zu dem Polizisten, ›einige von uns sind Mekkapilger, andere Imame, und mein Sohn ist ein mustergültiger Gläubiger, wie kann man uns nur so verleumden.‹

Der Polizist versuchte meine Mutter zu beruhigen: ›Das wissen wir doch, und niemand zweifelt auch nur im Geringsten an Ihrem Glauben, Gott sei Dank sind wir alle Muslime. Aber Ihr Sohn hätte sich nicht mit diesem Teufelsmädchen einlassen sollen.‹

›Gott möge sie mit Blindheit strafen‹, rief meine Mutter da, ›nichts als Unheil hat sie über uns gebracht. Sagen Sie diesem Islamischen Staat, dass der Sohn von Tante Adviye ein richtiger Muslim ist, und sie sollen ihn gefälligst in Ruhe lassen.‹

Vom Islamischen Staat konnte meine Mutter sich keine rechte Vorstellung machen. ›Gott wird denen hoffentlich den rechten Weg zeigen, für Zwang ist in unserer Religion kein Platz, von wegen Köpfe abschlagen, allein der Gedanke schon.‹ Für meine Mutter besteht Religion aus Beten, Fasten und Almosengeben, und was darüber hinausgeht, begreift sie in ihrem Alter nicht mehr. Deshalb wollte sie auch nie glauben, dass der IS im Namen des Islam Menschen enthauptet. ›Das sind doch alles Verleumdungen von Ungläubigen‹, sagte sie immer. Als aber ihr geliebter Sohn angeschossen wurde, galten ihr die Leute vom IS sogleich als ›verfluchte Teufel‹.

Nach einer Woche wurde mein Bruder aus dem Krankenhaus entlassen, und wir versuchten, ihn zu Hause aufzupäppeln, kochten ihm sein geliebtes Meftune, brachten ihm alles ans Bett, doch er rührte nichts davon an. Es ging uns zu Herzen, ihn so kraftlos daliegen zu sehen. Meine Mutter schob das allein auf den Angriff, doch ich war mir ganz sicher, dass es auch mit seiner unglücklichen Liebe zu tun hatte und dass es ihm furchtbar zusetzte, von seiner Meleknaz getrennt zu sein. ›Ach Hüseyin, lieber Hüseyin, lass dich bitte nicht so gehen‹, flehte ich immer wieder.

Zudem hatten wir Angst, weil der Angreifer doch angekündigt hatte, andere würden sein Werk zu Ende führen. Meine Mutter ließ Amulette anfertigen und Imame bei uns zu Hause aus dem Koran vorlesen, und nicht nur das, sondern zusammen mit unseren aramäischen Nachbarn ging sie in eine Kirche und zündete für die Mutter Maria Kerzen an: ›Mutter Maria, auch deinem Sohn wurde übel mitgespielt, nur du allein kannst mich verstehen, ich flehe dich an, rette meinen Sohn.‹ So betete sie Tag und Nacht. Und nach wie vor war sie davon überzeugt, dass uns alles nur wegen jenem Teufelsmädchen widerfahren war.

Wir wussten nicht weiter, aber dann erfuhren meine Brüder in Amerika von dem Vorfall. Erst hatten wir sie damit verschonen wollen, doch über Nachbarn und Freunde waren sie informiert worden. Erst schimpften sie mit uns, dass wir nicht Bescheid gesagt hatten, dann meinte Salim auf einmal: ›Wenn das so ist, dann schickt uns doch Hüseyin hier herüber. Sobald er reisen kann, soll er ins nächste Flugzeug steigen. Nehmt das nur ja nicht auf die leichte Schulter, er ist in Gefahr bei euch, wir schicken ihm ein Flugticket, und hier kann er sich auch behandeln lassen. Sonst wird er diesem verdammten IS nicht entgehen, die bringen ihn ganz bestimmt um.‹

Als meine Mutter von dieser Möglichkeit vernahm, ihren Sohn zu retten, lebte sie wieder auf. Und für ihre Söhne Salim und Abdullah, denen sie jahrelang gram gewesen war, weil sie sie so schmählich im Stich gelassen hatten, sprach sie nun Gebet auf Gebet.

Am schwierigsten zu überzeugen war allerdings Hüseyin selbst. Mir gegenüber sagte er: ›Ohne Meleknaz gehe ich nie und nimmer nach Amerika.‹ Unserer Mutter verschwieg er das.

Ich sagte: ›Geh doch du schon mal hin, und später holst du sie nach, bitte mach das, was sollen denn – Gott möge es verhindern – Meleknaz und das Kind davon haben, wenn du hier umgebracht wirst?‹

Salim sagte: ›Er soll sich sofort einen Pass ausstellen lassen, ihr habt doch Beziehungen, vielleicht könnt ihr die Sache beschleunigen, und ich schicke ihm eine offizielle Einladung, damit kommt er schneller an ein Visum.‹ Salim rief uns jeden Tag aus diesem Jackson an, wo sie wohnen, und drängte darauf, dass wir uns beeilen sollten. Meleknaz mit ihrem Flüchtlingsausweis habe momentan sowieso keine Chance, aus dem Land zu kommen.

Als ich eines Tages Abdullah am Apparat hatte, sagte ich: ›Auf uns hört Hüseyin nicht, versucht ihr es doch mal, ihr habt mehr Einfluss auf ihn.‹

Und darauf redeten sie beide lange mit ihm: ›Komm, wir nehmen dich hier auf, du arbeitest bei uns, und die Frau und ihr Baby holen wir nach, hier wird es euch gutgehen.‹ So redeten sie auf den armen Kerl ein.

Der fragte, ob die Eziden dort drüben auch unter solcher Feindseligkeit zu leiden hätten, und ich hörte mit, wie die beiden antworteten: ›Nein, in Amerika ist das ganz anders, da kann jeder seinen Glauben leben, keiner mischt sich in die Religion des anderen ein, das ist ja das Land der Freiheit hier.‹ Sie schworen ihm, auch Meleknaz und das blinde Baby kommen zu lassen, für das es in den USA viel bessere Behandlungsmöglichkeiten gebe.

Da schöpfte der arme Hüseyin Hoffnung und sagte: ›Na gut, dann komme ich.‹

Wir freuten uns natürlich, obwohl wir uns nun bald auch nach meinem dritten Bruder sehnen würden. Meine Mutter und ich wären ganz auf uns gestellt, doch Hauptsache, Hüseyin war außer Gefahr, etwas anderes zählte nicht. Einigen Bekannten von uns hatten wir es zu verdanken, dass das mit dem Pass besonders schnell ging, und durch die Einladung bekam Hüseyin auch bald sein Visum. Meine Brüder hatten in Jackson nämlich eine gutgehende Pizzeria und genossen anscheinend einiges Ansehen. Hüseyins Arm verheilte schnell, wenngleich etwas zurückblieb. Eines Tages kam es zum herzzerreißenden Abschied. Meine Mutter goss Wasser hinter ihm her, und natürlich flossen auch viele Tränen. Und ganz zum Schluss sagte Hüseyin etwas Sonderbares.

›Und wenn du mich zurück in deinen Bauch steckst, Mama, schützen kannst du mich nicht mehr!‹

Ich konnte mir darauf keinen Reim machen. War ihm das einfach spontan eingefallen? Dann flog er ab, erst nach Istanbul, und von dort nach Amerika. Tja, das war's.«

AMERIKA, AMERIKA

Wenn Aysel beim Erzählen Tränen aus den Mandelaugen flossen, zog sich auch mir das Herz zusammen. Mir fiel die Legende von dem armen Wesir ein, der von Bagdad nach Samarkand fährt, um dem Todesengel Azrael zu entgehen, doch als er ankommt, sagt Azrael zu ihm: »Gut, dass du von selbst kommst, ich sollte dir heute hier das Leben nehmen, du ersparst mir eine Reise nach Bagdad.«

Auch Hüseyin war also seinem Treffen mit Azrael in Jacksonville entgegengeeilt. Seine Brüder Salim und Abdullah hatte ich damals kaum gekannt. Als ich schon nicht mehr in Mardin war, sind sie nach Amerika gegangen, haben erst in Chicago in einer Pizzeria gearbeitet und dabei einiges durchgemacht, aber zumindest das Metier erlernt. Dann sind sie nach Jacksonville gezogen, haben dort ein eigenes Lokal eröffnet und jeder eine Familie gegründet.

In Mardin wurde voller Neid über sie geredet, schließlich lebten sie den amerikanischen Traum, den man sonst nur aus dem Fernsehen kannte. Und du, fragte ich mich selbst, bist du etwa nicht auf sie neidisch, in deinem chaotischen Istanbul, wo du Tag für Tag mit Meldungen über Gewalttaten bombardiert wirst, einer egoistischen, hartherzigen Frau Unterhalt zahlst, wo man sich aus Angst vor einem Anschlag kaum noch in ein Einkaufszentrum oder ein Kino traut; ist das überhaupt noch ein Leben? Ibn Chaldun hatte schon recht mit seiner Bemerkung, Geographie sei Schicksal. Während in Amerika Geborene ein reiches, glückliches Leben führen, müssen wir uns mit der von Onkel Fuat beschriebenen *Harese* herumplagen, und wie Kamele fressen wir Dornen, die uns den Mund blutig reißen, und ersticken am eigenen Blut.

Vielleicht tragen wir ja alle, und nicht nur der arme Hüseyin, unser Schicksal überall mit hin. Wie heißt es bei Kavafis so schön: »Deine Stadt folgt dir nach.« Hatte Hüseyin einfach sein Nahostschicksal nach Amerika mitgeschleppt? Dieses Mardin machte mich noch ganz verrückt, mit seiner rückwärts fließenden Zeit verwandelte es sogar den nüchternsten Menschen in einen Mystiker. Du kannst ja nicht mehr richtig denken, sagte ich mir, ich zweifle an deinem Verstand, du bringst Märchen und Wahrheit durcheinander, und andauernd stellst du merkwürdige Fragen. Wäre in Syrien kein Bürgerkrieg ausgebrochen und hätte die Welt diesen Krieg nicht weiter angefacht und wäre dem Islamischen Staat kein Erdöl abgekauft worden, so wäre Meleknaz, Zilan und Nergis all das nicht zugestoßen, sie hätten weiter in ihren Dörfern gelebt und geheiratet und Kinder bekommen. Es wären nicht drei Millionen Flüchtlinge in die Türkei gekommen, und Hüseyin hätte Meleknaz nicht kennengelernt, sondern Safiye geheiratet und sein Leben in Mardin fortgeführt. Und wäre die Welt nicht voller Vorurteile, würde niemand harmlose Pfauenanhänger bezichtigen, sie beteten den Teufel an.

Mit solchen Gedankenspielen kam ich natürlich nicht von der Stelle. Immer mehr drängte sich mir auf, dass ich unbedingt diese Meleknaz sehen musste, und fast unwillkürlich zog ich ab und zu das weiche Taschentuch heraus und fuhr mit dem Finger über den schwarzroten Engel Pfau.

Salim war ein wortkarger, sorgenvoll wirkender Mann. Was Aysel erzählte, hörte er ruhig an, ohne sich ein einziges Mal einzumischen. Im Lauf der Jahre hatten die beiden Geschwister sich wohl auseinandergelebt. Es stand zwischen den beiden eine Art Mauer aus Raum und Zeit. Hin und wieder warf Aysel ihrem Bruder scheue Blicke zu. Insgeheim machte sie ihm vielleicht Vorwürfe, weil er Hüseyin überhaupt zu sich geholt hatte. Man verschafft sich ja oft Erleichterung, indem man einen Schuldigen sucht. Salim sollte am folgenden Tag nach Amerika zurück, denn seit er Hüseyins Leichnam hierher überführt und dann beerdigt hatte, gab es in Mardin nichts mehr für ihn zu tun. Ich bot ihm an, ihn zum Flughafen zu bringen, da der Fotograf und ich ja ohnehin nach Istanbul fliegen würden. Mein Hintergedanke war, dass ich während des Fluges mit ihm würde reden können. Er willigte ein.

SALIM ERZÄHLT

»Ach, wissen Sie, Ibrahim, die Details habe ich Aysel und unserer Mutter nicht erzählt, die hätten sie nicht ertragen, sogar ich als Mann werde ja fast verrückt davon. Ich meine, das mit dem Schweineblut, das muss man sich mal vorstellen. Die Kerle haben gebrüllt, sie hätten das Messer in Schweineblut getaucht, dann haben sie wild auf ihn eingestochen, mit einem riesigen Fleischermesser. Ach! Hätte ich so etwas geahnt, hätte ich ihn doch nie nach Amerika geholt. Vielleicht stört Sie das Rauchen im Auto, aber ich muss jetzt einfach, in Amerika hatte ich damit aufgehört, dort raucht ja kaum noch jemand, aber nach dieser Tragödie habe ich wieder damit angefangen. Wir haben in Jacksonville eine kleine Pizzeria, Sie dürfen sich da wirklich nichts Besonderes vorstellen, am Stadtrand, leider in einer Gegend mit ziemlich viel Kriminalität. Es kommen vor allem Leute aus dem Viertel, manchmal auch Polizisten auf Streifendienst, mit ein paar davon haben wir uns angefreundet, und die Details haben wir auch von denen erfahren.

Die zwei Irren, die Hüseyin umgebracht haben, sind jetzt natürlich im Knast, sie gehören zu einer rassistischen Organisation, die von der Überlegenheit der Weißen schwafelt und alle Schwarzen, Latinos und Asiaten hasst. Faschisten sind das, und obwohl sie Amerikaner sind, hat die Gruppe irgendeinen deutschen Namen, den ich mir aber nicht merken kann. Diesen Hitlertypen ist irgendwie das Gehirn gewaschen worden und sie können grundsätzlich keine Fremden ausstehen, aber am allerwenigsten Muslime. Der eine Mörder, Oliver heißt er, soll im Irakkrieg seinen Bruder verloren haben, deswegen hat er es so besonders mit dem Islam. Die machen anscheinend im Wald Schießübungen und singen faschistische Marschlieder. Ich habe die Kerle noch nicht gesehen, aber beim Prozess bekommen wir sie zu Gesicht. Wir haben uns einen Anwalt geholt, und hoffentlich kriegen wir es hin, dass sie schwer bestraft werden, am besten mit dem elektrischen Stuhl. Wir haben vorher noch nie so was erlebt; gut, ein, zwei Mal ist uns eine Scheibe eingeworfen worden, und einmal hat so ein schmächtiges Bürschchen uns überfallen wollen, aber damit sind wir fertiggeworden, auch mit Hilfe der Polizei. Hüseyin hat zuerst bei mir daheim gewohnt, meine Frau ist Amerikanerin und wir haben drei Kinder. Schon bald hat Hüseyin angefangen, in der Pizzeria zu arbeiten, vor allem geputzt hat er, nach Feierabend, und den Laden dann zugesperrt. Wir haben gesagt: ›Lass das doch, ruh dich erst mal aus, geh in einen Englischkurs, danach bringen wir dich irgendwo im Gesundheitswesen unter, und eine Aufenthaltsgenehmigung besorgen wir dir auch.‹

Aber er hörte nicht auf uns und wollte unbedingt in der Pizzeria arbeiten. Nebenbei hat er schon ein bisschen Englisch gelernt und versucht, mit meiner Frau und den Kindern zu reden, die haben sich über seine Fehler oft köstlich amüsiert, aber ihm war das egal, er hat einfach mitgelacht. Sie wissen ja, was für ein guter Kerl er war, ein reiner Engel. Als wir damals nach Amerika sind, gab es so gut wie keinen Islamhass, aber nach dem 11. September ist das ganz anders geworden, und erst recht, seit ständig irgendwelche Idioten Bomben legen oder sich selbst in die Luft sprengen. Wir haben uns immer wieder bemüht, unseren Freunden und Bekannten zu erklären, dass so was mit dem Islam nichts zu tun hat, dass das lauter Geisteskranke sind, aber nicht mal unsere Frauen konnten wir so richtig überzeugen, und nach jedem Anschlag irgendwo gingen wir fast schuldbewusst nach Hause, als wären wir irgendwie mitverantwortlich. Meine Margaret kennt mich ja gut genug, und um mich zu trösten, hat sie mal gesagt: ›Aha, es gibt also verschiedene Arten des Islams, die sind nicht alle gleich‹, aber anderen Leuten konnten wir das nicht klarmachen. Und seit dieser IS-Plage ist es besonders schlimm. Was die alles anstellen, das mit den enthaupteten Journalisten aus Europa und Amerika und mit dem Piloten, den sie in einem Käfig verbrannt haben, und dann schicken sie davon auch noch Videos herum, das ist wirklich kaum auszuhalten, auch für uns Muslime nicht. Und sogar auf meinen armen Bruder haben diese Perversen geschossen. Jedenfalls gibt es in Amerika keine Ruhe mehr, wir fürchten ständig um unsere Kinder. Und hier ist es ja auch so, vielleicht sogar noch schlimmer. Na ja, wo auf der Welt ist man überhaupt noch sicher …

An dem Abend lief das Geschäft gut, und als die letzten Gäste weg waren, haben wir noch ein Bud getrunken, ein Feierabendbier. Wir ahnten ja nicht, was uns bevorstand, und scherzten noch herum, vor allem, weil Hüseyin einen Algerier bedient hatte, und der hatte ihn gefragt, ob in der Pizza *pork* ist, und Hüseyin hat gesagt, nein, da ist kein *pig* drin, und alle haben gelacht, und Hüseyin hat nur die Schulter gezuckt und gesagt: ›I am Muslim.‹ Wir haben ihm dann den Unterschied zwischen den zwei Wörtern erklärt, und er hat gesagt: ›Gut, beim nächsten Mal sage ich es richtig.‹ Dann sind Abdullah und ich nach Hause, und Hüseyin sollte wie jeden Abend Tische und Boden wischen, die Pizzeria zusperren und den Rollladen herunterlassen.

Als ich zu Hause ankam, schliefen die Kinder schon. Margaret hatte wie immer auf mich gewartet, wir haben uns ein bisschen unterhalten, und ich sagte noch, dass das Geschäft immer besser läuft, und als wir gerade ins Bett gehen wollten, hat das Telefon geläutet. Es war die Polizei, ob wir einen Verwandten namens Hüseyin haben, bei dem hätten sie nämlich seinen Pass und eine Karte unserer Pizzeria gefunden und seien so auf uns gekommen.

›Ja, klar‹, sagte ich, ›das ist mein Bruder, ist ihm was passiert?‹

Da haben sie es erzählt, und für uns ist eine Welt zusammengebrochen. Wir sollten sofort ins Krankenhaus kommen, Margaret blieb bei den Kindern, ich bin gleich ins Auto, und von unterwegs habe ich Abdullah angerufen, aber als wir dort angekommen sind, war schon alles zu spät. Sie haben uns seinen Leichnam gezeigt, den sollten wir identifizieren, und es war unerträglich, sein kreidebleiches, unschuldiges Gesicht anzuschauen, wir haben beide losgeweint. Die Polizisten, Ärzte und Krankenschwestern waren alle sehr verständnisvoll, dann kamen auch ein paar Polizisten, die wir kennen, und haben uns aufs Revier gebracht, damit wir unsere Aussage machten. Denen hat es auch schrecklich leidgetan.

Ach ja, und da war noch was, der Doktor in der Notaufnahme, ein Inder glaube ich war er, der hat erzählt, dass Hüseyin kurz vor seinem Tod noch einen Satz gesagt hat, ein paarmal hintereinander, und weil er den nicht verstehen konnte, hat er ihn schlauerweise mit seinem Handy aufgenommen und uns dann vorgespielt. ›Ich war ein Mensch‹, war der Satz, mehr geröchelt als gesprochen, ›Ich war ein Mensch‹.

Mit Abdullah habe ich darüber viel geredet, aber wir wurden nicht klug daraus, vor allem, weil Hüseyin das in der Vergangenheit gesagt hatte. Wir sind zusammen mit den Polizisten zur Pizzeria, die haben dann alle Aufzeichnungen der Überwachungskameras in der Gegend ausgewertet und die Kerle mit ihrer Hilfe geschnappt. Wir durften die Aufzeichnungen nicht sehen, so sehr wir auch darum gebeten haben, aber die Polizisten haben uns erzählt, wie genau es passiert ist.

In einer menschenleeren Straße haben sich Hüseyin auf einmal zwei Kerle in den Weg gestellt, ihn angesprochen und gleich darauf jeder ein Messer herausgezogen und zugestochen, in die Bauchgegend, und sie haben nicht mal aufgehört, als er schon zusammengesackt war. Später haben sie ausgesagt, dass sie Hüseyin in der Pizzeria gesehen hatten, also ist der arme Kerl Gästen von uns zum Opfer gefallen. Sie wussten, dass er Muslim war, und dass er das im Lokal manchmal sagte, haben sie als Propaganda aufgefasst, und daher wollten sie ihn umbringen, als abschreckendes Beispiel. Die Messer haben sie vorher in Schweineblut getaucht, und das haben sie Hüseyin extra gesagt: ›Du stirbst mit Schweineblut, also kommst du nicht ins Paradies‹, und ›Pig, pig, pig!‹, sollen sie gerufen haben. Und sie haben gesagt, dass sie die Tat nicht bereuen, sondern so lange weiterkämpfen wollen, bis in den USA kein einziger Muslim übrigbleibt. Wissen Sie, wenn ich darüber nachdenke, werde ich verrückt; was der IS hier angefangen hat, haben diese Faschisten da drüben vollendet, das heißt, muslimische Gotteskrieger und Neonazis haben zusammen ein Verbrechen begangen. Ob man als Mörder ein

Kreuz um den Hals hängen hat oder einen Halbmond, wo ist da bitte der Unterschied? Ich weiß nicht, ob es auf der ganzen Welt schon mal so ein seltsames Verbrechen gegeben hat, und ausgerechnet uns hat es getroffen. Wenn Sie in der Leichenhalle Hüseyins unschuldiges Gesicht gesehen hätten, wäre Ihnen das Herz gebrochen, glauben Sie mir. Wo Sie doch Journalist sind, schreiben Sie das bitte, was Ihrem Freund passiert ist. Schreiben Sie, wie verrückt diese Welt geworden ist. Entschuldigen Sie, aber ich bin mit den Nerven am Ende, ich habe Ihnen hier mit meinem Lamento zugesetzt und noch dazu das Auto vollgeraucht, und jetzt husten Sie. Seit der Sache mit Hüseyin habe ich wieder angefangen, meine Frau schimpft, und ich darf nicht rauchen, wenn die Kinder dabei sind, aber, nun ja, ich weiß mir eben nicht zu helfen.«

DIE REISE ZU MELEKNAZ

DURCH MITLEID WIRD DIE PEIN NICHT GELINDERT

Zurück in Istanbul war ich noch immer wie benommen von all den Geschichten, die ich gehört hatte, und vor lauter Unruhe konnte ich mich kaum auf meine Arbeit konzentrieren. Als wäre bloß mein Körper nach Istanbul geflogen, meine Seele dagegen in Mardin geblieben. Wie eine Fliege, die in ein Glas gesperrt ist, konnte ich mich noch so sehr abzappeln und entkam doch nicht jener mesopotamischen Atmosphäre aus Stein, Sonne, Gewürzen, Märchen, zäh dahinfließender Zeit und dem Geheimnis der Wüste. Wenn ich in mich hineinschaute, sah ich nicht mich selbst, sondern all das. Es war mir zur fixen Idee geworden, dass ich Meleknaz finden musste, sie sehen, mit ihr reden – und Tag und Nacht dachte ich nur an sie.

Ich weiß, es hört sich unsinnig an, sich zu einer Frau hingezogen zu fühlen, von der man noch nicht mal ein Bild gesehen hat, aber genau so war es, ja, ich fühlte mich zu ihr hingezogen. Manchmal lachte ich selbst über mich und nannte meine Versuche, Meleknaz zu finden, eine »Reise zum Mittelpunkt der Liebe«. Obwohl, Liebe war es ja nicht, vielleicht einfach journalistische Neugier; nein, wohl schon mehr als das. Eine Hüseyinisierung also? Auch solche Ironie brachte mich nicht weiter, ich war voller Unruhe, und nichts wollte mir schmecken. Alle Gespräche kamen mir schal vor, meine Arbeit irrelevant. Höchstwahrscheinlich war ich der einzige Mensch auf Erden, der sich derart von einer Frau angezogen fühlte, die er noch nie gesehen hatte. In orientalischen Märchen mag es vorkommen, dass ein weißbärtiger Alter einem Jüngling im Traum ein Mädchen erscheinen lässt, für das jener augenblicklich in Liebe entbrennt und es sein Leben lang sucht. Ich dagegen hatte das Gesicht der Frau nicht mal im Traum gesehen, und dennoch musste ich Tag und Nacht an sie denken. Schon eigenartig. Was genau war es eigentlich, wodurch Männer und Frauen voneinander angezogen wurden, waren es Pheromone, ein Duft, war es die fremde Haut, die Persönlichkeit, ein Verhalten, die Stimme, ein Lächeln, ein Blick, eine schöne Gestalt, eine Seelenverwandtschaft, geistige Übereinstimmung? Bei mir jedenfalls war es gar nichts davon. Vielleicht hatte ich mich ganz einfach in eine Geschichte verliebt, in eine Kultur. Aber kann man sich tatsächlich in eine Geschichte verlieben? Anscheinend schon. Der Wunsch, Meleknaz zu finden, pochte in mir wie ein Zahnschmerz und ließ nie ganz nach. Hätte ich mesopotamischen Glaubensvorstellungen angehangen, wäre ich mir wohl vorgekommen wie vom Teufel besessen. Sollte ich etwa in der kleinen Wohnung in Cihangir, in die ich umgezogen war, Blattsalat an die Tür hängen? Und diese Tür auch gleich dunkelblau anstreichen? Was wohl die Nachbarn sagen würden? Und der Hausmeister? Vor allem zum Salat? Die würden doch denken, ›unser Journalist hat sie nicht mehr alle‹, und die Polizei anrufen. Mit solchen Gedankenspielen versuchte ich, die Sache ins Lächerliche zu ziehen und so darüber hinwegzukommen, aber das funktionierte nicht. Absolut nicht. Die Leidenschaft hatte sich in mich hineingebohrt wie eine giftige Kletterpflanze.

Meleknaz und ihr blindes Baby waren in Istanbul, doch wie sollte ich sie in diesem Fünfzehn-Millionen-Moloch je finden? Ich bearbeitete Aysel, um herauszukriegen, zu welchem Freund Hüseyin Meleknaz geschickt hatte. Irgendein Name, eine Adresse, eine Telefonnummer … Aber sie wusste nichts, absolut gar nichts. Ich war in einer Sackgasse gelandet und fand nicht wieder heraus. Bis mir ein Einfall kam. Vielleicht kam ich ja über Nergis an Meleknaz heran? Das Baby brauchte medizinische Hilfe, und nach einem blinden Kind namens Nergis zu fahnden, war vielleicht erfolgversprechender. Falls die beiden in irgendeiner Privatwohnung waren, standen die Chancen schlecht, doch Nergis mochte auch in einem Krankenhaus sein, einem Waisenhaus, einer Einrichtung für Flüchtlinge, irgendeinem Hilfsverein. Oder zumindest hin und wieder zu einem Arzt gebracht werden.

Ich bat meine Kollegin Nihal um Unterstützung, die bei der Zeitung für das Thema Gesundheit zuständig war und über die Wunderwirkung irgendwelcher Pflanzen und derlei Sachen berichtete. Sie kannte sich mit medizinischen Einrichtungen aus und nannte mir so viele davon, dass ich mir schon dachte, vielleicht hätte ich gar nicht fragen sollen, denn wie sollte ich mich durch diesen Dschungel arbeiten? Ich gab aber nicht auf, und jeden Tag nach der Arbeit setzte ich mich zu Hause an den Computer und gab alle möglichen Schlüsselwörter wie »blindes Baby«, »blindes Flüchtlingsbaby Nergis«, »Meleknaz aus Syrien«, »Waisenhaus«, »Krankenhaus«, »Augenklinik« oder »Flüchtlingsheim« ein, um das verworrene Knäuel auf zauberhafte Weise aufzudröseln.

Inzwischen hatte ich alles getan, was meine Ex-Frau von mir

verlangte, hatte sämtliche Unterschriften geleistet und sie so definitiv aus meinem Leben entfernt, dass sie mir kaum noch in den Sinn kam. Auf die Reinheit meiner Leidenschaft für Meleknaz sollte nicht der Schatten einer gierigen, karrieregeilen Frau fallen, die allem nachlief, was aus dem Westen kam. Ich hielt es nicht mehr aus, dass der konsumierende Mensch viel mehr galt als der schaffende, produzierende. Ich war anders geworden, Mardin hatte mich verwandelt. Während so viele Menschen litten, konnte ich mir nicht mehr anhören, wie in Istanbul darüber diskutiert wurde, wo man das beste Sushi bekam. Wenn ich mir anschauen musste, wie entsetzlich hoch im Kurs Leute wie meine Ex-Frau standen, weil sie in ihren Business-Hochhäusern noch mehr konsumierten und noch mehr dem Westen nacheiferten, fiel mir unwillkürlich das junge Mädchen ein, das in einem Tal des Sindschar-Gebirges unter Steinen dalag oder gar längst von Tieren zerfetzt worden war.

Ich verstand nun Hüseyin, begriff, was mich ein paar Monate davor an ihm noch so sehr gewundert hatte, und vollzog tatsächlich eine Art Hüseyinisierung. Mein alter Freund hatte mir die Augen dafür geöffnet, wie sehr wir an der Schizophrenie litten, mit dem Verstand im Westen, mit dem Herzen aber im Osten zu sein, wie sehr es uns daher an echtem Selbstvertrauen mangelte, ein Defizit, das wir mit fremden Wörtern und fremden Waren zu überwinden suchten und mit dem steten Bemühen, anders zu sein, als wir eigentlich waren.

Nachts nahm ich das mit dem schwarzroten Engel Taus bestickte Taschentuch in die Hand und schlief damit ein. Mit seinem unvergleichlichen Zauber und seinem unstillbaren Schmerz zog mich der Osten in einen dunklen Strudel hinab, in dem ich mich immer schneller drehte und, fast schon selbst zu Hüseyin geworden, immer wieder den Namen Meleknaz vor mich hinsagte. Dank einer Frau, die ich nie gesehen hatte, war ich gleichsam ganz Mesopotamien verfallen. Mit der von Onkel Fuat geschilderten *Harese* hatte das nichts zu tun, viel eher schon damit, dass im Orient Liebe, Märchen und Geheimnisse tiefgründiger sind. Im Arabischen gibt es für die unerfüllte Liebe ein eigenes Wort, während das ursprüngliche Wort für Liebe sich von der Bezeichnung für Kletterpflanzen herleitet, die einander verschlingen. Umgekehrt wäre es mir plausibler erschienen, doch war ich ja trunken von meiner Liebe zu einem Traumgebilde. Das Taschentuch war weich, roch angenehm und war schön bestickt. Wann und wo und von welcher Frauenhand war es wohl so wunderbar verziert worden? Was war aus jenen Frauen geworden? Erzählte ich meiner Ex davon, würde sie mich begreifen? Verstehen, dass mir dieses Taschentuch unendlich viel mehr wert war als irgendein europäisches Luxusprodukt? Vor dem Einschlafen gingen mir Verse von Nazim Hikmet durch den Kopf: *Ich komme aus dem Orient / und schreie seinen Aufstand hinaus.*

Ich bin ein Orientale, dachte ich, der seine langjährige westliche Erziehung, sein ganzes Streben nach einem europäischen, einem amerikanischen Lebensstil, einfach wegwirft wie eine löchrige Socke. Ich bin ein Orientale, habe das Wasser des Orients getrunken und komme aus einer Welt der Märchen, so sagte ich es mir tagelang vor. Mir fielen Verwandte ein, an die ich seit Jahren nicht gedacht hatte, Onkel, Tanten, Cousins, Cousinen, die es nach Ankara oder Izmir verschlagen hatte. Hätte mich doch bloß mein Vater damals nicht in jenes Internat in Istanbul geschickt, hätte ich mich doch bloß nicht so sehr von mir selbst entfremdet, hätte ich doch nicht Jahre darauf verschwendet, mich in einen Westler zu verwandeln, hätte ich mich doch wie Mehmet in Mardin mit dem

Rücken an riesige Pappeln gelehnt und einfach fortgelebt; dann hätte ich heute zum einen mehr Selbstvertrauen und zum anderen wäre es mir erspart geblieben, von Orientalen als ein Westler angesehen zu werden und von Westlern als ein Orientale, der sich seinem eigenen Volk entfremdet hat.

Für alles, was ich hier den »Orient« nenne, stand mir natürlich als Sinnbild Meleknaz vor Augen. Für das Lalisch-Tal, die prachtliebenden Kalifen von Bagdad, die goldenen Paläste, für Propheten aus der Wüste, die die ganze Welt erschüttern, für indische Schals, für Seide, Smaragde, rubinbesetzte Dolche, für Sindbad im Magen des Walfischs, für Firdevsi, Hafis, Sadi, Imru' al-Qais. All das verschlang sich in meinem Geist enger als in den Märchen aus Tausendundeiner Nacht und verknotete sich schließlich zum Bild einer schmächtigen jungen Frau, die ich noch nie gesehen hatte.

Ich allein hätte Nergis wohl nie gefunden, doch Nihal stellte sich zum Glück geschickter an als ich. Sie bekam heraus, wo insbesondere erkrankte Kinder syrischer Flüchtlinge untergebracht waren, und dort erkundigte sie sich nach einem auf beiden Augen blinden Baby. Davon gab es wohl nicht allzu viele, und so kam es, dass wir eines Samstags in einem Kinderheim, das doch tatsächlich »Haus der Liebe« hieß, wegen des Interviews, das wir angeblich führen wollten, sehr wohlwollend empfangen wurden und ich zum ersten Mal die kleine Nergis sah, deren Augen wie von zwei winzigen Wolken bedeckt waren. Das im Sindschar-Gebirge zur Welt gekommene Mädchen, das seine Milch sowohl mit Zilan als auch mit seiner Mutter hatte teilen müssen, sog so unschuldig an seinem Schnuller, als müsste es als Symbol dafür herhalten, wie viel Leid einem manchmal im Leben geschehen konnte. Erst war mir ganz sonderbar zumute, als hätte ein unter lauter Toten geborenes Mädchen, von dem ich lediglich im Märchen gelesen hatte, auf einmal wahre Menschengestalt angenommen. Der Erzählung Zilans hatte ich gelauscht wie einem seltsamen orientalischen Märchen, in dem blutbefleckte Engelsfedern herumfliegen, aber dieses Baby nun vor mir, ach, dieses Baby! Leider kam es nicht aus einer Märchenwelt. In seiner immerwährenden Dunkelheit hatte es weder das Sindschar-Gebirge gesehen noch das Gesicht seiner Mutter, die Toten, das Flüchtlingslager, Hüseyin, das Haus von Tante Adviye, Istanbul oder das »Haus der Liebe«, und nun lag es still und friedlich da, und wenn es an seinem Schnuller sog, bildeten sich auf seinen Wangen kleine Grübchen wie Rosenknospen. Es sei ein besonders braves Kind, das nie weine, wurde uns gesagt. Wir fragten, ob sich schon ein Arzt um das Baby kümmere; das sei der Fall, doch bisher ohne Ergebnis. Insgesamt hatten wir den Eindruck, dem Personal sei nicht besonders daran gelegen, dem Kind eine Behandlung angedeihen zu lassen, und so fragten wir, ob wir es zu einer Untersuchung in eine Augenklinik mitnehmen dürften. Das sei auf keinen Fall möglich, wurde uns beschieden, lediglich seine Mutter dürfe es aus dem Haus holen. Bei dem Wort Mutter pochte mir das Herz, doch schützte ich rein berufliches Interesse am Schicksal des Babys vor und erkundigte mich nach seinen Eltern (wohlweislich fragte ich nicht nur nach der Mutter); ob ich wohl deren Namen und Adresse erfahren dürfe? Die Heimleiterin schien sehr auf die Einhaltung sämtlicher Regeln bedacht zu sein, denn wieder sagte sie, das gehe »auf keinen Fall«, denn es sei »auf keinen Fall« gestattet, mit den Eltern der Kinder Kontakt aufzunehmen, auf gar keinen Fall. Mit dem Ausdruck »auf keinen Fall« hatte die füllige Frau mittleren Alters es wohl ganz besonders, doch schlug ich ihr nun vor, wir könnten den Eltern ja eine Nachricht hinterlassen, und wenn sie darauf eingingen, könne ein Kontakt hergestellt werden? Und siehe da, anstatt wieder ein »auf keinen Fall« vom Stapel zu lassen, willigte sie ohne weiteres ein. Den Namen der Mutter dürfe sie uns zwar nicht nennen, aber einen Brief von uns werde sie ihr aushändigen, und alles Weitere gehe sie dann nichts mehr an, denn die Mutter könne alleine entscheiden, ob sie sich mit uns treffen wolle. Nihal fragte nach, ob da nur eine Mutter und kein Vater sei, und die Leiterin erklärte, es komme nur die Mutter, einmal in der Woche. Darauf wollten wir wissen, warum das Kind denn nicht gleich bei ihr wohne, und es schien der Leiterin nun nichts auszumachen, uns darüber aufzuklären, dass die Mutter in einem Haus als Dienstmädchen arbeite und somit keine eigene Wohnung habe und das Baby nicht zu sich nehmen könne. Ich dachte mir, so könne das Kind nie zu seinem Augenlicht gelangen, denn für die kostspielige Behandlung in einer Privatklinik werde ein staatliches Heim wohl kaum aufkommen.

Liebe Meleknaz,
Sie kennen mich nicht, doch ich bin ein enger Freund von Hüseyin. Ich möchte mich mit Ihnen treffen und Ihnen etwas mitteilen, das Sie unbedingt erfahren müssen. Außerdem habe ich etwas, das Ihnen gehört. Falls Sie mit einem Treffen einverstanden sind, so teilen Sie mir bitte Ort und Zeit über die Person mit, die Ihnen diesen Brief aushändigt.

Das war der Inhalt des ersten Briefes, den ich Meleknaz etwas mühsam auf Arabisch schrieb. Die Heimleiterin machte nun einen zugänglicheren Eindruck und versprach mir, den Brief zu übergeben, und ich reichte ihr eine Visitenkarte mit meiner Adresse, Telefonnummer, E-Mail, also mit allem, womit Meleknaz mich irgend erreichen konnte.

Dann begann das Warten. Tag für Tag prüfte ich unzählige Male meine SMS und Mails, doch eine ganze Woche lang tat sich nichts. Am achten Tag schließlich ließ eine Nachricht mir das Herz höher schlagen.

»Am Sonntag um drei Uhr in der Konditorei Akın in Aksaray.«

Vermutlich war der Sonntag ihr einziger freier Tag, an dem sie auch ihr Baby in dem Heim in Fatih besuchte. Nur einmal in der Woche, hatte die Leiterin gesagt.

Wie alle anderen schon erzählt hatten, fielen einem als Erstes ihre Augen auf; schwarze, mandelförmige Augen, die ihr Gegenüber unverwandt ansahen, ohne je den Blick abzuwenden, und etwas geradezu Magnetisches ausstrahlten. Als ich mich ihr gegenüber setzte, sagte ich: »Mir ist, als ob ich Sie schon kennen würde, denn mir ist so viel über Sie erzählt worden«, und ich redete weiter und weiter, um die Stille zwischen uns zu überbrücken, das war gewissermaßen meine Pflicht. Sie dagegen, wie sich schon vermuten lässt, sagte gar nichts, sondern sah mich nur an. Sie war die Stärkere von uns beiden und hatte ein Anrecht auf dieses Schweigen; ich hingegen versuchte, mich bei ihr einzuschmeicheln. Zwischen zwei Menschen etabliert sich eine unausgesprochene Rollenverteilung, und die unsere war von Anfang an klar.

»Ich will kein Mitleid, von niemandem, das brauche ich nicht. Mitleid ist nur ein weiterer Teil der Pein. Beklagen Sie weder mich noch mein Kind. Durch Mitleid wird die Pein nicht gelindert.«

Das sagte sie nicht selbst, doch ihre Augen drückten es aus.

Ich musste an die Nächte im Sindschar denken, die dunklen, mondlosen Nächte, in denen die Sterne aufblitzten, als seien sie mit Tauen am Berg festgebunden. Und hatte vor mir jene Augen voller ... nun, nicht eigentlich Hass, und auch herausfordernd sahen sie mich nicht an, nicht einmal verärgert, sondern tatsächlich eher gleichgültig.

»Ich brauche dein Mitleid nicht, niemandes Mitleid.« Hätte die junge Frau mit den langen, schwarzen Haaren und dem schmalen Gesicht jene Worte hinausgeschrien, hätten sie mich nicht so getroffen, doch sie schwieg, und ihre Blicke ließen mich immer unruhiger werden. Ja, ich war ihr völlig gleichgültig. Sie war wie nicht von dieser Welt, denn jemand, der hier lebte, konnte nicht so entfernte Blicke werfen. Um diese zu erklären, reichten Wörter wie frech, herausfordernd, verbittert, verzweifelt, schmerzlich, flehend, verstimmt, lieblos, beleidigt, kühl, vorwurfsvoll, gekränkt, verdrossen usw. nicht aus. Vor allem das Wort schmerzlich traf nicht zu. Vielleicht hatte ich diesen Blick schon in Zilans Augen gesehen; dieses Gefühllose, nichts Erwartende, jenseits allen Schmerzes. Aber bei Meleknaz war es noch intensiver, noch tiefer, geheimnisvoller. Als wollte sie sagen: »Nun spuck schon aus, damit ich es hinter mir habe.«

Ich versuchte, ihr gut zuzureden. »Von mir hast du nichts Böses zu fürchten«, sagte ich, »ich bin ein Freund von Hüseyin, seit unserer Kindheit schon. Ich bin nach Mardin gefahren, habe erfahren, was euch zugestoßen ist, habe mit Tante Adviye gesprochen, mit Aysel, mit eurem Scheich, habe mich über eure Religion informiert, habe Achtung vor dem Engel Taus entwickelt, dann habe ich Zilan kennengelernt, deine Freundin, und sie hat mir erzählt, was Nergis widerfahren ist. Ich war im Kloster Zafaran, habe mit dem Priester dort gesprochen, kurz gesagt bin ich bis heute auf deinen Spuren gewandelt, ich wollte dich finden, mit dir reden, habe mir monatelang den Kopf darüber zerbrochen, wer diese Meleknaz eigentlich ist, und jetzt, wo wir uns endlich gegenübersitzen, sprichst du nicht mit mir.«

Mit versiegelten Lippen und ohne die leiseste Regung im Gesicht hörte sie sich an, was ich auf Arabisch auf sie einredete. »Vielleicht hast du ja recht, Zilan war auch so wie du, und ich bin eben jemand, der den Begriff ›über den Schmerz hinaus‹ nicht versteht. Ihr seid jenseits einer bestimmten Schwelle, jenseits von Gut und Böse, jenseits des Schmerzes, das können wir nicht begreifen, aber ich flehe dich an, gib mir eine Chance, dich zu verstehen. *Ich bin Hüseyins engster Freund, seit meinem fünften Lebensjahr.*« (Hier griff ich direkt zu einer Lüge, oder zumindest vermischte ich Wahres und Falsches, um sie auf eine falsche Fährte zu führen.) »Weißt du eigentlich, was mit Hüseyin passiert ist?«

Man möge es mir nicht verübeln, wenn ich mich beim Erzählen im Kreis drehe, sondern es meiner Orienttrunkenheit zuschreiben. Während draußen der verschlagene Istanbuler Regen alles und jeden grau erscheinen ließ, saßen wir in der Konditorei an einem Resopaltisch, es roch nach Kaffee und nassen Mänteln, und ich versuchte, der schwarzäugigen Frau mit dem intensiven Blick erst einmal meine Dankbarkeit dafür auszudrücken, dass sie überhaupt gekommen war, und sie dann zu überreden, mir alles zu erzählen. »Ich kann dir helfen«, sagte ich.

»Wie?«, erwiderte sie da auf einmal mit kalter, ferner Stimme. »Kannst du mir vielleicht Hüseyin zurückbringen, oder Nergis? Kannst du die Menschen wieder lebendig machen, die unter der Erde verrotten?«

Hüseyin, das bin jetzt ich, hätte ich am liebsten gesagt, nimm mich an Hüseyins statt, ich trete an seine Stelle, aber das sagte ich natürlich nicht. »Nein«, sagte ich stattdessen, »ich bin kein Prophet und kann niemanden wieder zum Leben erwecken.«

»Dann schweig«, antwortete sie. Sie stand auf, griff zu ihrer alten, abgewetzten Tasche, die über der Rückenlehne hing, machte mit der Behändigkeit ihrer jungen Jahre zwei rasche Schritte, aber die hängenden schmalen Schultern verrieten doch, wie verzweifelt sie war.

Ich stand ebenfalls auf, ging ihr hinterher, sie trat hinaus in den Regen, ich hielt die Tür auf, bevor ich sie auf die Nase kriegte, und versuchte ihr nachzukommen. Hatte es zuvor nur genieselt, ging nun der Regen schwer herunter. Im Laufschritt holte ich sie ein und sagte: »Ich kann natürlich nichts rückgängig machen, aber ich kann dir helfen, allein wirst du wahrscheinlich nicht mit allem fertig, ich kann dir wirklich helfen.« Während ich so neben ihr her hetzte, sah ich von der Seite ihr Gesicht mit den vom Regen an die Schläfe geklebten Haaren.

Sie antwortete mir nicht, sagte gar nichts, nahm mich nicht ernst, starrte geradeaus vor sich hin, und – alle Götter Mesopotamiens mögen mir verzeihen – ich dachte einfach nur, wie schön sie doch ist. Das Wesen dieser Frau, für die Hüseyin sein Leben gegeben hatte, vermischte sich mit der natürlichen Schönheit weiblichen Selbstbewusstseins, und so etwas lässt mich seit jeher dahinschmelzen.

Nachdem ich eine Weile so verzweifelt neben ihr her gerannt war, sagte ich: »Nun gut, ich kann dich also nicht zu einem Gespräch überreden, aber wenn du einmal Hilfe brauchst, dann ruf mich doch bitte an, ja? Bitte, bitte, bitte, bitte …« Mein letztes Bitte verhauchte in der diesigen Luft, und als ob nicht sie in Schwierigkeiten sei, sondern ich, blieb ich in dem Bewusstsein stehen, beim Aufeinandertreffen zweier Willen den Kürzeren gezogen zu haben, und sah ihr nach, wie sie mit schnellen Schritten im Dunst der Straße meinen Blicken entschwand. »Ich verliere sie«, dachte ich auf einmal, »wenn sie weg ist, werde ich in ein tiefes Loch fallen, und in meinem Herzen wird es wieder schrecklich bohren.«

Mutlos rief ich ihr ein letztes Mal nach: »Meleknaz, bleib bitte stehen, ich habe dir noch so viel zu erzählen, und ich muss dir noch zurückgeben, was ich von dir habe.« Meine Stimme erreichte sie nicht mehr, und bald würde sie ganz und gar weg sein.

Da kam mir in den Sinn, ihr zu folgen. Zwar würde sie mir das äußerst übelnehmen, doch um den Kontakt mit ihr aufrechtzuhalten, blieb mir nichts anderes übrig. In gehöriger Entfernung ging ich ihr nach und hielt mich dabei nah an Haus- und Ladeneingänge, um mich für den unwahrscheinlichen Fall, dass sie sich umdrehen sollte, rasch genug verbergen zu können. Währenddessen eilte sie mit schnellen Schritten dahin. »Wie eine Wüstengazelle«, dachte ich mir, »wo hat sie nur diesen Stolz her, diesen Eigensinn, dieses Herausfordernde?« Dabei trug sie doch einen abgewetzten grauen Mantel am Leib, womöglich aus einer Kleidersammlung, und zerschlissene Schuhe, mit denen sie bei dem Regen vermutlich klatschnasse Füße bekam. Doch wenn man alles verliert, bleibt einem vielleicht als letzte Zuflucht genau dieser Stolz übrig.

Ich wusste, dass sie bald in irgendein Haus gehen würde, das Haus, in dem sie als Dienstmädchen arbeitete, also würde ich erfahren, wo sie wohnte. Was ich dann anfangen sollte, wusste ich überhaupt nicht, doch ohne dieses Haus zu finden, würde ich Meleknaz für immer verlieren.

Dann war es so weit. In einer guten Wohngegend betrat sie ein solides Apartmenthaus, und meine lange und vor allem klägliche Fährtensuche nahm ein Ende. Im Vorbeigehen warf ich einen Blick auf das Schild mit der Nummer 18. Es war blau. Blau! Wie hielt sie das nur aus? Nun ja, in Istanbul sind an jeder Ecke blaue Schilder aller Art. Und ich einsamer Journalist war in der Riesenstadt damit beschäftigt, jemandem ungewollte Hilfe aufzudrängen, um damit meine Seele zu retten. Während mir das Wasser den Nacken hinunterkroch wie nasse Regenwürmer, packte mich das Selbstmitleid. Armer Ibrahim!

Ich hatte gemeint, sobald ich Meleknaz sähe, würde meine Neugier nachlassen und ich von meiner fixen Idee befreit, doch kam es genau umgekehrt, der Prozess der Hüseyinisierung beschleunigte sich sogar. Am Montag nach meinem Treffen mit Meleknaz fiel in der Zeitung allen auf, wie abwesend ich wirkte. Manche fragten mich gar, ob ich krank sei, andere machten sich heimlich über mich lustig. Jeder von uns war an diese lieblose Atmosphäre gewöhnt, in der spitze Bemerkungen an der Tagesordnung waren, und jeder wusste, was diese Bürohochhäuser für seelische Verwüstungen anrichteten, indem sie einen zum Roboter degradierten. Man musste schon eine unsichtbare Ritterrüstung tragen, um das alles an sich abprallen zu lassen, sonst war man verloren. Ein Freund, der anfangs gemerkt hatte, wie sehr mir diese Atmosphäre zusetzte, hatte mir gesagt: »Hier hat jeder einen Schirm, um sich zu schützen, nur du hast keinen, aber du solltest schnellstens auch einen aufspannen, denn glaub ja nicht, dass dieser Regen aufhört.«

Inzwischen hatte ich geglaubt, genügend gerüstet zu sein, bis zu dem Moment, als in meinem Leben Meleknaz auftauchte, sich in mein Herz bohrte und es verwüstete, jawohl, verwüstete, das ist genau das Wort, jedes andere klingt viel zu schwach.

Tagelang konnte ich abends nur einschlafen, wenn ich an ihrem Taschentuch roch, mir damit übers Gesicht strich, und immer wieder ging ich an jenem Haus vorbei und verzehrte mich danach, Meleknaz zu sehen und ihr zu sagen: »Ich bin auch Hüseyin! Nimm mich an seiner Stelle, du brauchst nicht als Dienstmädchen zu arbeiten, ich habe eine Wohnung, zieht doch beide zu mir, du und Nergis, ich bringe Nergis zu den besten Ärzten von Istanbul, und wenn du willst, holen wir auch Zilan hierher.« Das alles konnte ich ihr aber nicht sagen, ich bekam sie ja nicht einmal zu Gesicht. Und selbst wenn, dann hätte sie mich doch bestimmt wieder nur mit diesen ausdruckslosen Augen angesehen und mir allein mit diesen Blicken gesagt, dass sie von dem, was ich ihr zu bieten hatte, absolut nichts brauchte, und mich damit am Boden zerstört. Als Dienstmädchen zu arbeiten, verletzte ihren Stolz nicht, aber Mitleid vertrug sie keines. Sie wollte es nicht, denn ihr Urteil über das Menschengeschlecht war gefällt, und sie verschloss sich so sehr vor ihm, dass in die Finsternis in ihrem Inneren auch nicht der winzigste Lichtstrahl dringen sollte. Sie glich einem Festungshäftling, der aus seiner Verzweiflung Kraft schöpft und in dem Moment, in dem er sich einen Funken Hoffnung gönnte, sogleich zusammenbräche. So also war es, wenn man jedes Vertrauen in die Menschheit verloren hatte und eisern entschlossen war, niemanden mehr an sich heranzulassen. Die Frauen und Mädchen aus Lalesch hatten am eigenen Leib erfahren müssen, dass sie sich vor jeglicher Hoffnung, die ja doch nur wieder enttäuscht wurde, am besten in eine Schale zurückzogen wie irgendein Meeresgetier. Wie aber sollte ich bloß in diese Schale hineinkommen, wie nur?

Schließlich schrieb ich ihr einen kurzen Brief.

Ich habe Ihnen noch nicht zurückgeben können, was Ihnen gehört und bestimmt sehr wichtig für Sie ist. Jeden Sonntag um die gleiche Zeit werde ich daher am gleichen Ort auf Sie warten.

Auf den Umschlag schrieb ich Meleknaz und brachte ihn zu dem Haus in Aksaray. Ich klingelte den Hausmeister heraus und fragte ihn, ob er eine Meleknaz kenne, worauf er zuerst nur die Stirn runzelte, und erst als ich »die Flüchtlingsfrau aus Syrien« sagte, dämmerte es ihm.

»Ach so, das Dienstmädchen, zu der sagen wir Melek.«

Ich bat ihn, ihr den Brief zu übergeben, der von einer Verwandten von ihr sei.

»Klar«, erwiderte er, »diesen armen Leuten muss man doch helfen, sie ist so ein stilles Wesen, manchmal wischt sie das ganze Treppenhaus, um sich nützlich zu machen. Wollen Sie zu ihr?«

»Nein«, lehnte ich ab, »es genügt, wenn Sie ihr den Brief übergeben.«

Dann begann die Zeit des Wartens. Die ganze Woche über fieberte ich auf den Sonntag hin, und dann wiederum konnte ich kaum erwarten, bis es endlich drei Uhr war.

Am ersten Sonntag verpackte ich das Taschentuch in schönes Geschenkpapier, ging in die Konditorei und setzte mich an den gleichen Tisch wie in der vorigen Woche. Meleknaz kam nicht. Bis halb fünf wartete ich, dann kehrte ich enttäuscht nach Hause zurück, wickelte das Taschentuch wieder aus und legte es auf mein Kopfkissen. Einerseits erbarmte Meleknaz mich fürchterlich, andererseits hatte ich Angst vor ihr. Einem Tiger, der sich in einer Falle schwere Verletzungen zugezogen hat, kann man sich auch nicht nähern, um seine Wunden zu versorgen, selbst wenn man es noch so sehr will. Bei einer verletzten Katze kann man ebenfalls nur voller Mitleid zusehen, wie sie leidet, denn aus lauter Furcht, man könne ihr ebenfalls wehtun, hält sie sich einen fauchend vom Leibe.

Am folgenden Sonntag verpackte ich wieder das Taschentuch und setzte mich um drei Uhr an meinen gewohnten Platz. Aber sie kam nicht, und auch am nächsten Sonntag nicht. Ich gab jedoch nicht auf, und am vierten Sonntag wurde ich dafür belohnt. Als ich mutlos an meinem Tisch saß, sah ich sie auf einmal am Fenster vorbeigehen, mürrisch wie das Mal zuvor, und schon kam sie durch die Tür und ließ mir wie wild das Herz schlagen. Mir war, als hätte mir noch nie jemand eine solche Freude bereitet. Lachend sprang ich auf und hielt ihr die Hand hin, die sie allerdings nicht ergriff. Ohne eine Miene zu verziehen, setzte sie sich schweigend.

»Ich habe etwas, das dir gehört«, sagte ich.

Da kam der Kellner, Meleknaz wollte weder Tee noch Kaffee, sondern nur Wasser, doch bestellte ich Gebäck dazu, wenngleich ich wusste, dass sie das nur gleichgültig anstarren würde. Wer sich in den Bergen mit der eigenen Muttermilch vor dem Verhungern bewahrt hat, dem wird solcherlei völlig überflüssig erscheinen, und so würde sie mich für diese Geste nur verachten, aber sollte sie nur, ich wusste ja, dass sie nicht mich persönlich damit treffen wollte, sondern die ganze Menschheit.

Ich zog das in rotes (und natürlich nicht blaues) Geschenkpapier gewickelte Taschentuch heraus und legte es vor sie hin.

»Was ist das?«, fragte sie.

»Etwas, das dir gehört, mach es bitte auf.«

Widerwillig entfernte sie die Verpackung, und als sie das Taschentuch erblickte, nahm ich in ihrem stets wie erstarrt wirkenden Gesichtsausdruck zum ersten Mal eine leichte Veränderung wahr, eine Art Überraschung. Sie nahm das Taschentuch in die Hand, drehte und wendete es, dann fragte sie, wo ich es her habe.

»Aus dem Sonnentempel, dort hast du es liegen lassen.«

»Was, du warst dort?«

»Ja, auf der Suche nach dir war ich an vielen Orten.«

»Warum?«

»Ich weiß es nicht, weiß es wirklich nicht, aber du bist zum Mittelpunkt meines Lebens geworden, ich bin immer deiner Spur gefolgt, der Spur eines Engels.«

»Du kennst mich doch gar nicht.«

»Doch, ich kenne dich.«

»Aber ich dich nicht.«

»Darum bemühe ich mich ja, dass du mich kennenlernst.«

Da kam der Kellner, der mich wiederum schon recht gut kannte, und brachte Kaffee, Wasser und zwei Stückchen Kuchen. Ich brachte dann mein bestes Arabisch auf, um ihr zu erklären, dass ich wusste, was ihr und ihrem Volk widerfahren war, und auf ihren spöttischen Blick hin sagte ich, dass ich mich um ein Begreifen zumindest bemühte. »Lass bitte zu, dass wir uns näher kennenlernen und ich dir zeigen kann, dass nicht alle Menschen schlecht sind.«

Was ich da sagte, kam sogar mir selbst etwas merkwürdig vor, denn anstatt mit Meleknaz ein persönliches Gespräch zu führen, spulte ich eine Art Predigt über Gut und Böse ab. Nun ja, Meleknaz brachte mich auf den Boden der Tatsachen und fragte schroff, warum ich das erzählte. Tja, warum eigentlich, eine Weile wusste ich nicht, was ich antworten sollte.

Dann sah ich ihr in die Augen und sagte: »Weil ich dir helfen möchte, Meleknaz, aber versteh das bitte nicht falsch, denn eigentlich will ich vor allem mir selbst helfen und wieder lernen, ein Mensch zu sein. Und ich will Nergis behandeln lassen. Es ist eine ungeheure Unruhe in mir, die mich allmählich umbringt.«

So salbaderte ich vor mich hin und redete und redete, ohne zu bedenken, dass Misstrauen viel schwerer zu überwinden ist als der ärgste Feind. Irgendwann hatte ich aber doch das Gefühl, dass sich bei Meleknaz durch mein Geschwätz irgendetwas tat. Einen Augenblick lang schien sie sich zu fragen, ob sie mir nicht doch trauen könnte, und in der stählernen Wand, mit der sie sich umgeben hatte, blitzte ein winziges Loch.

Auf einmal nahm sie das Taschentuch an sich, stand auf und sagte: »Danke.«

Ich begleitete sie zur Tür und versicherte ihr, ich werde jeden Sonntag um die gleiche Zeit hier sein und darauf hoffen, dass sie auch käme. »Jetzt bin ich um das Einzige gebracht, das mich getröstet hat, nämlich dieses Taschentuch«, sagte ich, »aber ich glaube ganz einfach, dass du eines Tages kommst. An irgendeinem Sonntag kommst du ganz bestimmt! Hilf mir! Hilf mir!«

Wortlos ging sie hinaus. Seit jeher fragte ich mich, wie manche Frauen so unglaublich stark sein konnten, woher sie bloß diese Selbstsicherheit bezogen, diese Hartnäckigkeit, diese Entschlossenheit, was war nur die Quelle dieser Kraft, und warum waren die Männer seelisch um so vieles schwächer? War das etwa ein Ausgleich dafür, dass Männer mehr Körperkraft besaßen? So einen Stolz wie bei Meleknaz hatte ich allerdings weder bei einem Mann noch bei einer Frau gesehen. Doch wenn sie sich mir gegenüber so sträubte, warum hatte sie dann zugelassen, dass Hüseyin sie aus dem Lager holte? Die Antwort darauf war mir höchst wichtig, doch hatte ich keine Ahnung, wie ich diesen Knoten lösen sollte. Ich dachte zurück an alles, was man mir über Hüseyin erzählte hatte, an das im Flüchtlingslager Gehörte. Worin nur lag der Unterschied zwischen uns? Da fiel mir etwas ein. War nicht, was Meleknaz in Harnisch brachte, vor allem Mitleid? Konnte es nicht sein, dass sie zwar aushielt, schlecht behandelt zu werden, aber in Rage geriet, sobald man sie bemitleidete, und sei es auch aus dem besten Willen heraus? Hüseyin hatte gegenüber Meleknaz kein besonderes Bedauern an den Tag gelegt, er arbeitete ja ohnehin in jenen Lagern und bemühte sich einfach, allen Flüchtlingen irgendwie zu helfen. Er hatte Meleknaz nicht bemitleidet, sondern sich in sie verliebt, und das natürlich kratzte nicht an ihrem Stolz, ganz im Gegenteil. Wer so schöne Gedichte für sie schrieb, musste sie ja verehren.

Das erklärte alles. Mitleid war ein Schwert, das der Mitleidige am Knauf hielt, während sein Gegenüber die scharfe Klinge zu spüren bekam. Hatte nicht der Prophet Mohammed schon gesagt, die gebende Hand stehe über der nehmenden? Und war deshalb der aus Amerika eingeflogene Engel eher kühl empfangen worden? Christlicher Nächstenliebe traute man nicht so ganz. Als Kind hatte ich von meinem Vater eine Geschichte gehört, die sich mir damals nicht so recht erschlossen hatte. Darin hieß es, dem Heiligen Ali sei zugetragen worden, dass jemand sehr schlecht über ihn rede. »Erstaunlich«, habe der Heilige da erwidert, »dem habe ich doch gar nichts Gutes getan?«

Allmählich begriff ich, was damit gemeint war. Erfährt einem eine gute Tat, kann sie ihm zur Last werden, die er loszuwerden sucht, indem er den Wohltäter herabsetzt. Ich fragte mich, ob es mir recht gewesen wäre, in der Zeitung bemitleidet zu werden, wenn also alle über meinen armseligen Zustand geseufzt und versucht hätten, mir irgendwie zu helfen. War die Leidenschaft, die ich für Meleknaz entwickelt hatte, ohne die Frau je gesehen zu haben, nicht einfach das Bemühen gewesen, jedermann – und auch mir selbst – zu beweisen, was für ein guter Mensch ich doch war? Und mein gebeuteltes, entfremdetes, jeglicher Werte bares Leben mit Sinn zu erfüllen? Jemandem Gutes aufzuzwingen, war Unsinn, das wusste ich; oder vielmehr wusste ich es eigentlich nicht, denn ich war gerade nicht in der Lage, solche Fragen zu beantworten, sondern wollte nur an Meleknaz' edler Haltung irgendwie Anteil haben. Für mich war sie beileibe kein armes Ding. Durch ihren Stolz stand sie so hoch über mir, dass ich mir nicht einmal vorstellen konnte, sie zu berühren, wie es doch bei einer gewöhnlichen Beziehung zwischen Mann und Frau ganz natürlich gewesen wäre. Ihre versiegelten Lippen zu küssen, sie nackt zu sehen, die Wärme ihrer Haut zu spüren, all das war mir so fern, dass es nicht einmal in meine Träume Eingang fand.

Die ganze Woche über trieb ich mich auf dem Bücherbasar herum. Zwischen den verstaubten und vergilbten Büchern, die unter den altehrwürdigen Gewölben so verbissen schwiegen, als würde sich in jedem einzelnen von ihnen ein Geheimnis verbergen, trat ich selbst eine geheimnisvolle Reise an. Streichelnd berührte ich die prächtigen Einbände, ich streichelte und streichelte, und schließlich tat ich den Schatz auf, nach dem ich suchte: Die Gedichte von Imru' al-Qais, dem größten jener sieben Dichter, deren Werke in vorislamischer Zeit in der Kaaba in Mekka aufgehängt worden waren.

Sie sind so heilig wie der Schwarze Stein in diesem von Abraham errichteten Tempel und üben auf die Menschen eine ganz besondere Wirkung aus. Wie hätten sie sonst auch in einem so heiligen Ort aufgehängt werden können, im Zentrum der Wallfahrt nach Mekka. Die verzauberten Worte, von denen man damals glaubte, ihre Dichter hätten sie aus dem Jenseits bezogen, hatten vor 1500 Jahren Flügel bekommen und es bis zu mir geschafft, der ich hoffte, mir würde daraus eine Persönlichkeit erwachsen, und mit brennenden Liebesgedichten würde ich Meleknaz betören. Im Orient begann doch immer alles mit dem Wort, so musste ich eben die Zügel des Wortrosses in die Hand bekommen. Und so werden wie Hüseyin. Mich hüseyinisieren.

Als ich mir im Traum bald als Hüseyin erschien, war das schon sehr seltsam, doch so sollte es nun mal sein.

Eines Abends, trunken entweder vom Wein oder von Imru' al-Qais, schrieb ich in Anlehnung an ein altes arabisches Gedicht folgende Verse:

Ich schwöre bei der Nacht, die heruntersteigt,
Schwöre beim Wind aus dem Okzident,
Schwöre beim heiligen Sindschar-Berg
Und schwöre beim Gesang der Nachtigall:
Dein will ich sein, dein Sklave, der nie seine Freiheit will.

Am folgenden Sonntag ging ich wieder in die Konditorei. Wenn ich an sie dachte, schrieb ich Gedichte; wenn ich Gedichte schrieb, dachte ich an sie. Eines Sonntags würde sie bestimmt kommen, und bis dahin würde ich ganz einfach warten. Und doch, die Unruhe in mir, das Gefühl, etwas Falsches zu tun, wollte nicht vergehen. Nachts wurde ich wach und dachte, ob ich das wirklich alles tat, um mich um die Verlobte eines verstorbenen Jugendfreundes zu kümmern. Was sollten dann die Liebesgedichte? Zwei Wochen später packte es mich und ich zerriss sämtliche Gedichte, die ich in meiner Annäherung an Hüseyin geschrieben hatte, denn plötzlich erschienen sie mir unsinnig, als überflüssiges Geschwätz. Mir ging es doch nicht darum, verliebt zu sein, sondern um etwas ganz anderes. Um was genau, wusste ich auch nicht, vermochte es nicht zu benennen, und war mir doch sicher, dass es eben etwas ganz anderes war. Nachdem ich mein Geschreibsel weggeworfen hatte, fühlte ich mich gleich besser, als hätte ich eingesehen, dass ich auf dem Holzweg war, und das war schon mal gut, auch wenn ich noch immer nicht wusste, was der richtige Weg war. »Bitte hilf mir, Meleknaz«, sagte ich, »hilf mir, den rechten Weg zu finden, hilf mir, indem du mir erlaubst, dir zu helfen, hilf mir, damit ich wieder an mich glauben kann, hilf mir, diesen hin und her gebeutelten, wertlosen Menschen zu retten.« Mir war, als würden meine Eltern, mein Land, meine verlorene Kindheit in der Vorstellung von dieser schmächtigen jungen Frau zusammentreffen.

Ohne mich darum zu kümmern, dass der Kellner mich immer mitleidiger anschaute, als wollte er sagen: »Na, ist sie schon wieder nicht gekommen«, und obwohl er mir manchmal sogar die Zeche erlassen wollte, ging ich unverdrossen Sonntag für Sonntag in die Konditorei mit den Resopaltischen. Meleknaz kam nicht, und ich trank meinen Tee und schlich nach Hause. Und ging das nächste Mal wieder hin, und wieder und wieder … Und gehe auch heute noch hin, und in Abwandlung eines Gedichts sage ich: *Wenn auch die Liebste nicht kommt, es der Hoffnung dennoch frommt.*

Denn dass sie eines Sonntags kommt, weiß ich ganz gewiss …

Mit diesen Worten beendete ich mein Buch. Und dachte mir dabei, die erschütternde Geschichte, die mit der Nachricht von Hüseyins Tod begonnen hatte, und ihre seltsame Wirkung auf mich seien damit auch zu Ende. Dabei war das erst der Anfang. Das begriff ich einen Monat später, als gemeldet wurde, Hunderte aus Mardin und Diyarbakır kommende Eziden seien an der bulgarischen Grenze zurückgewiesen worden und müssten seither kläglich neben der Autobahn ausharren. Mir war, als ginge das in der Redaktion vor allem mich an, als warteten dort Verwandte auf mich.

Ich erbat mir vom Chefredakteur ein Auto und einen Fotografen, was mir bewilligt wurde, dann fuhren wir sogleich in Richtung der Grenzstadt Edirne los. Auf der nach Europa führenden Autobahn brauchten wir zwei Stunden, bis wir ein paar Kilometer vor Edirne am Straßenrand auf einmal Polizisten sahen. In ihren khakifarbenen Uniformen standen sie mit in der Herbstsonne blitzenden Gewehren da und schauten auf die Menschen, die in ihrer Mitte auf Kartons und Zeitungen saßen, Männer, Frauen, Kinder. Als wären sie auf einem fliegenden Teppich aus ihrem Flüchtlingslager bei Mardin hierher nach Edirne gekommen, nur um erneut in verzweifeltes Warten zu versinken. Mit fünf Bussen waren sie in Mardin aufgebrochen, doch hier, so kurz vor Edirne, hatte man sie aufgehalten. Europa wollte sie nicht bei sich haben, ertrug es nicht, ihre Gesichter zu sehen, und tat alles, damit sie die Grenze nicht überschritten. Wir wussten, dass auf die Türkei dabei Druck ausgeübt wurde und der Gouverneur deshalb eingeschritten war. Die Menschen durften weder über die Grenze noch in die Stadt. Eigentlich durften sie gar nichts, außer dort auf dem feuchtkalten Boden sitzen.

Ich zeigte dem Kommandanten meinen Presseausweis, und er ließ uns zu den gequälten Eziden durch. Der Fotograf Hakan begann sofort mit seiner Arbeit, was niemanden zu stören schien. Als ich eine blasse Frau entdeckte, die ihr Baby in ihren Armen stillte, sagte ich mir: »Das ist Meleknaz, und die da auch, und die daneben.« Mehrere Meleknaz waren da, Flüchtlinge aus dem Sindschar-Gebirge, abgebrochene Äste vom Baum der Menschheit, Überreste so vieler Völkermorde. Nicht meine Meleknaz war hier, aber andere, und andere Nergis und Zilans, die Unschuldigen des Engels Taus. Hinter sich hatten sie den IS und vor sich Europa.

Ich hatte wohl gefunden, was ich zu tun hatte. »Ruh du dich aus, Engel Taus«, sagte ich, »vielleicht hast du dich wie der Gott aus dem Alten Testament sechs Tage lang damit abgemüht, die Welt zu erschaffen. Am ersten Tag hast du das Licht erschaffen und die Dunkelheit, den Tag und die Nacht, am zweiten Tag das Himmelszelt, dann die Erde, die Pflanzen, die Samen und die Früchte, am vierten Tag die Sonne, den Mond und die Sterne, am fünften Tag hast du die Welt mit Lebewesen erfüllt und nach deinem Ebenbild den Mann und die Frau erschaffen, auf dass ihnen die Welt untertan sei, dann hast du alles angesehen und gesehen, dass es gut war. Am sechsten Tag war am Himmel und auf Erden alles vollständig. Am siebten Tag hast du dein Werk vollendet und dich zum Ausruhen zurückgezogen, und vielleicht dauert der siebte Tag ja noch immer an, denn die Schreie der Unschuldigen und der Leidenden erreichen dich nicht, und es ist nicht mehr alles gut.«

Ich drückte auf die Aufnahmetaste meines Handys und kauerte neben der stillenden Meleknaz nieder, dann begann ich mit meinen Fragen …

Zülfü Livaneli

Serenade für Nadja

Roman

336 Seiten, btb 74841
Aus dem Türkischen von Gerhard Meier

Eigentlich soll die Türkin Maya den deutschstämmigen Professor Maximilian Wagner nur während eines Kongresses in Istanbul betreuen. Doch je mehr die junge Frau von seinem Leben erfährt, desto weniger kann sie sich der tragischen Geschichte des alten Mannes entziehen. Ganz allmählich versteht Maya, was es mit der geheimnisvollen Frau, Nadja, auf sich hat, von der Wagner stets erzählt. Und für die er – Jahrzehnte später – am Ufer des Schwarzen Meeres seine Geige auspackt und spielt. Die Geschichte dieser tragischen Liebe lässt Maya nicht los, vor allem als sie immer mehr Parallelen zu ihrem eigenen Leben erkennt …

»Einer der wichtigsten Schriftsteller der Türkei.«
Die Welt

»Ein großartiges Buch über eine lebenslange Liebe und über die deutsch-türkische Vergangenheit«
Frankfurter Allgemeine Zeitung

btb